_____ 님의
지혜로운 인간생활을
기원합니다.

우리가 살아가면서
가장 중요한 것과 가장 먼저 해야 하는 것들이 있습니다.
이 둘을 나누는 것은 무엇보다도 중요하지요.
이 책을 읽는 모든 분들께서
이를 실천하시는 지혜를 가지실 기원합니다.

인지 심리학자 김경일

인지심리학자
아주대학교 심리학과 교수
김경일

우리나라의 대표적인 인지심리학자. 현재 아주대학교 심리학과 교수로 재직 중이다. 고려대학교 심리학과와 동 대학원을 졸업한 후 미국 텍사스 주립대학교 심리학과에서 박사 학위를 받았다. 인지심리학 분야의 세계적 석학인 아트 마크먼 교수의 지도하에 인간의 판단, 의사결정, 문제해결 그리고 창의성에 관해 연구했다. 수많은 기관과 기업에서 왕성하게 강연 활동을 하고 있으며, 〈어쩌다 어른〉 〈세바시〉 〈요즘책방: 책 읽어드립니다〉 등 다수의 방송 프로그램에도 출연하고 있다. 유쾌하고 신선한 강의로 수많은 사람을 매혹시키고 있는 그는 세계적으로 유명한 학자들의 논문과 실험을 우리의 삶과 연결시켜 쉽게 전달하는 데 애쓰고 있다. 저서로는 『김경일의 지혜로운 인간생활』 『적절한 좌절』(공저) 『내향인 개인주의자 그리고 회사원』(공저) 『마음의 지혜』 『적정한 삶』 『부의 심리학』 등이 있으며, 역서로는 『50이면 육아가 끝날 줄 알았다』 『설득의 심리학 2』 『프레임의 힘』 등이 있다.

일러두기

◆ 이 책의 필사 본문은 『김경일의 지혜로운 인간생활』에 수록된 글을 발췌한 것이며, 일부 글은 필사에 적합하도록 맥락을 고려해 편집했습니다.

◆ 이 책에는 김경일 교수가 새롭게 집필한 인간관계에 관한 강의 9개가 수록되어 있습니다.

김경일의 지혜로운 인간생활

필사 에디션

적정한 인간관계를 위해 성장하는 시간   김경일 지음

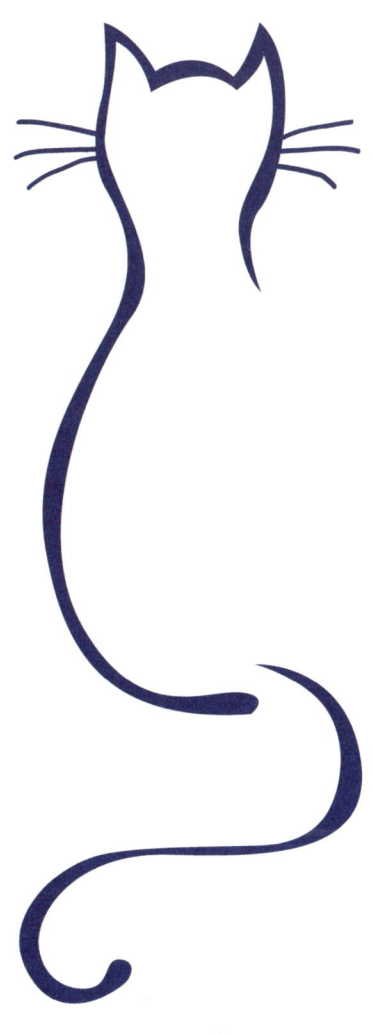

저녁달

**적정한 인간관계를 위해
나를 성장시키는 시간**

"인생에서 가장 쉽고 빠르게 불행해지는 방법 중 하나는 '바꿀 수 없는 것을 바꾸려고 하는 것'입니다. 그리고 인생을 가장 허망하게 보내는 방법 중 하나가 '바꿀 수 있는 것을 그대로 방치하고 살아가는 것'입니다. 인지심리학은 바꿀 수 없는 것과 바꿀 수 있는 것을 구분해주는 학문입니다."

제가 강연이나 책에서 자주 언급하는 말이기도 하고, 불민하나, 독자분들이 많이 사랑해주셨던 문장이기도 합니다. 인간관계를 포함한 수많은 인생의 문제들이, 바꿀 수 없는 것과 바꿀 수 있는 것, 결국 이 기준에서 출발한다는 사실에 공감하셨던 것 같습니다. 『김경일의 지혜로운 인간생활』을 출간한 후 강연장이나 서평을 통해 저는 예상치 못한 피드백을 참 많이 받았습니다. 특히 놀랍게도, 꽤 오랜 사회생활을 해온 분들조차 인간관계를 본질적으로 어렵게 느끼고 계셨고 심지어 그동안 겪어보지 못한 종류의 인간관계 문제 때문에 괴로워하는 분들도 많았습니다. 이제 '40대나 50대쯤 되면 연륜이나 경험이 쌓여 사람 관계도 쉬워지겠지.'라는 막연한 기대는 과감히 내려놓아야 하지 않나 싶습니다. 인간관계란 끊임없이 배우고 재조율해야 하는 평생의 과업이라고 봐야 할 것 같습니다.

인간관계는 경험만으로 해결되지 않습니다. 삶이 깊어질수록 오히려 더 섬세한 이해와 통찰이 필요해집니다. 그렇지 않으면, 같은 갈등을 반복하면서 점점 무뎌지거나, 애초에 사람과의 연결 자체를 포기해버리는 쪽으로 마음이 기웁니다. '나는 원래 사람을 잘 못 믿는다', '누구도 내 마음을 몰라준다'는 생각에 사로잡히면 관계는 멀어지고 고립은 깊어질 겁니다.

하지만 여기서 생각을 한번 바꿔볼까요? 내가 다른 사람을 바꿀 수는 없지만, 내가 더 성숙한 인간이 되는 길은 언제든 선택할 수 있습니다. 성숙한 인간이 되면 인간관계의 중심이 타인이 아니라 '자기 자신'임을 깨닫게 됩니다.

성숙한 인간이란 무엇일까요? 완벽하고 실수하지 않는 사람일까요? 아닙니다. 성숙함이란 '자기 자신을 다룰 줄 아는 능력'에서 출발합니다. 충동적인 반응 대신 상황을 해석하는 힘을 기르고, 다른 사람의 행동에 나의 자존감을 걸지 않는 태도. 이러한 내면의 힘은 인간관계의 갈등을 줄이고, 때로는 고통을 초월할 수 있게 합니다. 인간관계의 해법을 누군가로부터 찾기 전에, 먼저 나 자신을 마주하는 것이 성숙한 사람이 되는 출발점입니다.

책을 낸 저로서는, 심리학이 이토록 실용적일 수도 있다는 것을 새삼 느낍니다. 그리고 마음 한편으로는 조금 다행스럽기도 했습니다. 제가 해온 이야기가 누군가의 마음속 깊은 답답함을 조금이나마 풀어줄 수 있었다는 것. 저는 그것이 심리학이 가진 제일 따뜻한 기능이라고 생각합니다.

그런데 예상하지 못했던 반응이 하나 있었습니다. 『김경일의 지혜로운 인간생활』을 읽은 많은 분들이 단지 책을 읽는 데서 그치지 않고 필사를 하셨다는 것이었습니다. 어떤 분은 공책 한 권을 가득 채우셨다고도 하더군요. 필사는 생각보다 많은 시간과 정성을 요구하는 작업인데도 기꺼이 수고로움을 택한 이유는 아마도 필사를 하는 시간 동안 마음이 조금 덜 흔들렸기 때문이 아닐까 생각해봅니다.

실제로 심리학자 제임스 페네베이커(James Pennebaker)는 '표현적 글쓰기(expressive writing)'에 대한 연구에서, 자신의 감정이

나 경험을 글로 쓰는 것만으로도 정서적 회복력이 증진된다는 점을 밝혀낸 바 있습니다. 감정을 언어로 정리하고 기록하는 행위가 주는 정서적 안정 효과는 생각보다 깊고 오래 지속됩니다.

이러한 맥락에서, 이 책에 필사 페이지를 별도로 구성해보았습니다. 필사를 하며 글의 의미를 자신의 언어로 다시 새겨보는 시간을 가지시기를 바랍니다. 또한, 그간 전하지 못했던 인간관계에 관한 강의 내용을 새롭게 정리하여 아홉 편을 추가로 담았습니다. 인간관계에서 오는 막막함과 피로감을 조금이나마 덜어내는 데 도움이 되기를 바랍니다.

성숙함은 단번에 완성되는 것이 아니라, 선택하고 연습하고 실패하고 다시 선택하는 과정을 통해 차근차근 자라나는 것이라 믿습니다. 그 반복 속에서 우리는 조금씩 더 단단한 사람, 더 여유로운 사람, 그리고 더 깊이 이해하는 사람이 되어갑니다. 자신을 돌아보고, 타인을 따뜻하게 이해하며 살아가는 삶. 그것이야말로 진정한 '지혜로운 인간생활'이 아닐까 생각합니다. 이 책이 그 여정의 한 걸음이 될 수 있다면 그것만으로도 감사한 일입니다.

2025년 가을

김경일

이 책의 구성과 활용

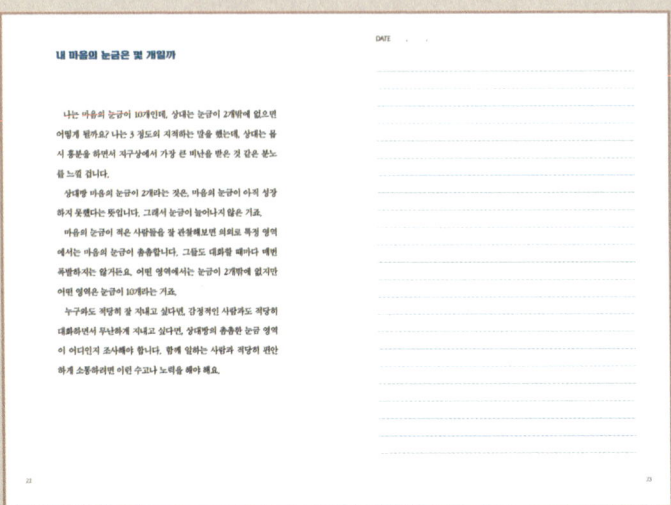

차례를 살펴보고, 오늘 마음이 끌리는 글을 한 편 골라보세요. 나를 힘들게 하는 사람 때문에 상처받고 자존감이 흔들리는 날이라면, 그 글을 따라 써보세요. 한 글자, 한 문장씩 옮겨 적는 동안 마음이 차분히 가라앉고, 마음근육도 단단해질 수 있을 것입니다.

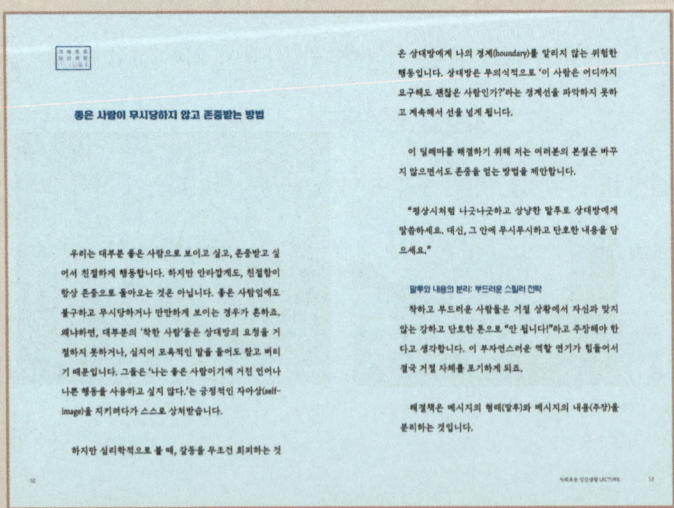

지혜로운 인간생활을 위한 새로운 강의 아홉 편이 추가되었습니다. 서로의 마음을 이해하고 건강한 관계를 맺는 법부터, 상처받은 마음을 돌보는 방법까지, 좀 더 인간관계의 본질을 깊이 있게 다룹니다.

이 페이지는 작은 성취를 눈으로 확인하며 스스로를 격려할 수 있는 공간입니다. 필사를 마친 후 꽃 그림에 색을 칠해보세요. 색이 채워지는 동안 당신의 노력과 성장도 조금씩 쌓여 갑니다. 스스로 성장해가는 과정을 이 페이지에서 직접 느껴보세요.

Vincent Van Gogh, The Starry Night, 1889   Vincent Van Gogh, Starry Night over the Rhone,1888

이 책에는 빈센트 반 고흐의 명화들이 담겨 있습니다. 명화는 보는 이의 마음에 잔잔한 휴식을 주고, 시각적 자극을 통해 정서적 안정과 몰입을 돕습니다. 고흐의 그림 속 빛과 색의 울림이 마음의 긴장을 완화하고, 생각을 정리할 수 있는 여백을 만들어줄 것입니다.

필사 기록

필사를 마친 후 하나씩 색칠해보세요.

40개의 필사를 마치고 모든 꽃에 색을 더해주세요.

차례

프롤로그 적정한 인간관계를 위해 나를 성장시키는 시간   006
이 책의 구성과 활용   010

1부 타인에 대처하는 자세
_감정에 휘둘리지 않고 지혜롭게 멘탈 강해지는 법

내 마음의 눈금은 몇 개일까   024
성숙해진다는 건   026
정직과 겸손 사이에서 균형 잡기   030
인생은 결국 좋은 사람이 되어가는 과정   032
성격이 정반대인 사람과 잘 지내는 유일한 방법   044
감사는 심리적 고통을 감소시킨다   046
고마움을 표현하는 연습   050
도와달라는 말의 의미   052
남의 말을 옮기는 사람의 특징   064
분위기 파악도 큰 능력이다   070
가식적인 사람을 대하는 방법   072
가식적인 사람과 함께 일해야 한다면   074
한국은 관계주의가 강한 나라   078
나와 관점이 다른 사람과 협력하려면   080

지혜로운 인간생활 LECTURE 1 부적절하게 밝은 사람   034
지혜로운 인간생활 LECTURE 2 만만하게 보이지 않고 존중받는 방법   054
지혜로운 인간생활 LECTURE 3 갈등을 마주하고 기회로 삼아라   084

2부 온전한 나로 서기
_나에게 집중하면 인간관계에서 자유로워진다

행복해질 권리가 있는 날들	104
행복을 너무 거창하게 생각하지 마세요	106
큰 행복 1개보다 작은 행복 10개가 낫다	120
행복한 사람은 창의적이다	122
행복한 사람은 이타적이다	126
내가 먼저 나를 인정해야 한다	138
늘 인정받는 사람의 비밀	140
나 자신에게 감탄하기	144
한 번도 춤추지 않은 날은 잃어버린 날	146
감각이 생각을 좌우한다	152
웃으면 행복해진다	154
마음을 전달하려면	168
따뜻한 마음에 위로받은 날	174
나를 무시하는 사람	180
거절을 거절하는 소시오패스	186
아는 것이 힘 vs. 아는 것이 병	188
지쳐 있을 때 결정을 내리지 마라	202
지혜로운 인간생활 LECTURE 4　외로움의 심리학	108
지혜로운 인간생활 LECTURE 5　불안을 이기는 기술	130
지혜로운 인간생활 LECTURE 6　우울감에서 벗어나는 법	156
지혜로운 인간생활 LECTURE 7　사랑의 심리학	192

3부 한발 더 나아가기
_삶에 좋은 에너지를 더하는 법

낙천적인 성격과 낙관적인 성격의 차이	218
존경받는 리더가 되고 싶다면	220
이직 과정에서 가장 많이 하는 실수	238
접근 동기와 회피 동기	246
세대가 다르면 시간의 속도도 다르다	248
아무 생각 하고 싶지 않은 건 당연하다	252
빠른 생각의 함정	256
검은 제안과 신뢰 관계	274
직관적인 낙관에 속지 마라	276
지혜로운 인간생활 LECTURE 8 소통에 필요한 인지적 겸손	226
지혜로운 인간생활 LECTURE 9 성숙한 인간이 되려면	262

Vincent Van Gogh, Belvedere Overlooking Montmartre, 1886

Vincent Van Gogh, The Starry Night, 1889

Vincent Van Gogh, Starry Night over the Rhone, 1888

1부
타인에 대처하는 자세

감정에 휘둘리지 않고
지혜롭게 멘탈 강해지는 법

Vincent Van Gogh, Vase with Irises against a Yellow Background, 1890

인간은 사회적 존재이고, 홀로 존재하는 인간은 결코 없습니다. 인간은 좋든 싫든 타인과 만나고 대화하고 교류하며 살아가게 되어 있어요. 그렇다면 우리에게 더욱 중요한 것은 나와 다른 타인과 어떻게 소통하고, 슬기롭게 관계 맺으며 살아갈 것인가 하는 부분이겠죠. 그래서 사람들은 끊임없이 타인과의 관계에 대해 고민하고 질문하며 그 답을 찾고 싶어 합니다. 세상에는 정말 다양한 사람들과 다양한 관계의 형태가 존재합니다. 1부에서는 이런 여러 인간 유형을 이해하고, 그에 따라 어떻게 반응하고 대처할 수 있을지를 구체적으로 살펴보려 합니다.

내 마음의 눈금은 몇 개일까

 사람의 마음에는 어떤 것에 대해 좋거나 싫은 마음, 동의하거나 동의하지 않는 마음의 눈금이 있는데, 일반적으로 성인의 마음에는 7개 정도의 마음의 눈금이 있습니다. 마음의 눈금이 많을수록 마음도 크고 넓으며 성숙했다는 뜻입니다.

 나는 마음의 눈금이 10개인데, 상대는 눈금이 2개밖에 없으면 어떻게 될까요? 내가 2 정도의 지적하는 말을 했는데, 상대는 최대치의 비난을 받았다고 느껴서 크게 분노할 겁니다. 상대방 마음의 눈금이 2개라는 것은, 마음의 눈금이 아직 성장하지 못했다는 뜻입니다. 그래서 눈금이 늘어나지 않은 거죠.

 마음의 눈금이 적은 사람들을 잘 관찰해보면 의외로 특정 영역에서는 마음의 눈금이 촘촘합니다. 그들도 대화할 때마다 매번 폭발하지는 않거든요. 어떤 영역에서는 눈금이 2개밖에 없지만 어떤 영역은 눈금이 10개라는 거죠. 누구와도 적당히 잘 지내고 싶다면, 감정적인 사람과도 적당히 대화하면서 무난하게 지내고 싶다면, 상대방의 촘촘한 눈금 영역이 어디인지 조사해야 합니다. 함께 일하는 사람과 적당히 편안하게 소통하려면 이런 수고나 노력을 해야 해요.

DATE . .

성숙해진다는 건

인간의 감정이란 절대적인 것이 아닙니다. 감정의 가짓수를 헤아리자면 끝도 없이 나열할 수 있습니다. 그 감정마다 눈금이 있고 사람마다 그 눈금의 개수가 다릅니다.

마음의 눈금을 촘촘하게 만드는 건 인생이 성숙해진다는 뜻입니다. 성숙해진다는 건 마음의 눈금의 숫자가 많아지는 것이라고 봐도 무방합니다. 예를 들면 어떤 사람이 나한테 다가와서 하는 행동이 좀 거슬릴 때도 왜 그런 행동을 하는지 이해하고 넘어갈 줄 알게 됩니다. 내 마음의 눈금이 많아지면 내가 더 좋은 사람, 성숙한 사람이 됩니다.

DATE . .

> 마음의 눈금을 촘촘하게 만든다는 건
> 인생이 성숙해진다는 뜻입니다.

Vincent Van Gogh, Irises, 1890

정직과 겸손 사이에서 균형 잡기

정직과 겸손 사이에서 균형을 잘 잡는 것이 마음의 눈금을 촘촘하게 만드는 데 도움이 되기도 합니다. 정직과 겸손은 모두 좋은 태도죠. 그런데 정직함의 눈금이 촘촘하지 않고 1개나 2개뿐이라면 곤란합니다.

지나치게 정직한 것은 무례한 행동이 되고, 지나치게 겸손한 것은 거짓말을 하는 것과 같습니다. 큰 성공을 거두고도 지나치게 자신을 낮추는 건 다른 사람들 앞에서 그렇지 않은 척하는 것이니 정직하지 않은 거죠. 겸손도 어느 정도 들어가 있고 정직도 어느 정도 들어가 있어야 사회생활을 원만하게 할 수 있습니다.

DATE . .

인생은 결국 좋은 사람이 되어가는 과정

원만한 사회생활과 원활한 소통을 위해 정직을 몇 스푼 넣고 겸손을 몇 스푼 넣어야 최적의 대화가 되는지, 상대방을 기분 나쁘게 하지 않으면서도 정확한 소통을 하려면 어떻게 해야 하는지 고민해야 합니다. 이것도 우리가 인생에서 해결해야 할 숙제입니다. 답을 찾아가는 긴 여정이 되겠죠. 정답은 없어요. 정답은 저도 모릅니다.

우리 인생은 결국 좋은 사람이 되어가는 과정이 아닐까요? 정직과 겸손 반반, 정직 전부, 겸손 전부, 이런 게 아니라 정직과 겸손을 얼마나 정교한 비율로 배합해서 눈금을 만들어내느냐가 우리 인생의 과제일 겁니다.

상반된 것들 사이에서 다양한 고민을 해보는 과정을 겪으면서, 우리는 무언가에 대해 조금 더 세부적인 관점을 가질 수 있습니다.

많은 고민 속에서 우리는 더 성숙해지고 노하우도 갖게 될 겁니다. 이런 노력을 하면서 사람들과 소통하면, 인간관계가 좀 더 편안해질 것이라고 믿습니다.

DATE   .   .

지혜로운
인간생활
LECTURE 1

부적절하게 밝은 사람

여러분 주변을 한번 둘러보세요. 늘 웃고 늘 긍정적이지만, 속을 알 수 없는 사람이 있지 않나요? 친구들이 힘든 일, 고민, 심지어 연인이나 배우자와의 갈등까지 털어놓을 때마다 "나는 네가 이겨낼 줄 알았어!", "그래도 네가 긍정적이니까 괜찮아질 거야!"라며 밝고 긍정적인 말로 격려합니다. 문제는 자신에게 힘든 일이 생겼을 때입니다. 친구들이 "요즘 너는 어때? 힘든 일 없어?"라고 물으면, 늘 "나는 괜찮아! 워낙 단순해서 걱정이 없어! 너희들 고민 들어주는 게 내 낙이야!"라며 자신의 감정을 재빨리 덮어버립니다.

이들은 늘 긍정적이고, 어떤 상황에서도 활짝 웃으며, 자신의 속내를 좀처럼 드러내지 않습니다. 심리학에서는 이 '과도한 밝음'을 긍정적으로만 보지 않습니다. 오히려 이 밝음이 자기 자신을 소진시키는 '가면(persona)'일 수 있다고 봅니다. 심지어 누군가에게는 지옥이 될 수도 있습니다. 상대방은 늘 밝은 모습만 보여주니까 '저 사람은 늘 괜찮은데, 혹시 나한테 문제가 있는 건 아닐까?' 하고 스스로를 의심하게 만들거든요.

우리가 괜찮지 않은데도 굳이 '괜찮은 척'을 하는 데는 복잡하고도 섬세한 심리가 깔려 있습니다. 사람은 누구나 남에게 약해 보이기 싫고, 동정받는 것을 원하지 않습니다. 이건 인간의 기본적인 욕구죠. 그런데 여기에 다음과 같은 두 가지 핵심적인 이유가 더해지는 겁니다.

첫째, 타인에게 피해를 주고 싶지 않은 배려심 (또는 강박)입니다. 자신의 슬픔, 괴로움, 힘듦을 드러냈을 때 그것이 상대방에게 부담이나 피해를 줄까 봐 극도로 염려하는 경우입니다. '내 문제로 남의 좋은 기분을 망치고 싶지 않다.'라는 과도한 책임감이나 사회적 민감성이 작용한 결과죠. 이들은 타인의 감정적 안녕을 지키기 위해 자신의 감정적 안녕을 기꺼이 희생하는 모습을 보입니다.

둘째, 부정적인 평가에 대한 불안과 방어 기제입니다. 나의 부정적인 감정을 솔직히 드러냈을 때, 사람들이 나를 '나약한 사람'이나 '문제 있는 사람'으로 평가할까 봐 불안해하는 심리입니다. 특히, 과거에 감정을 표현했을 때 비난을 받거나, 무시당하거나, 억제당했던 경험이 있다면 이러한 불안은 더욱 커지게 됩니다. 그래서 상처받지 않기 위해 밝은 가면을 쓰는 것이죠.

이러한 현상은 특히 감정 노동이 필수적인 직업군, 예컨대 연예인이나 서비스업 종사자들에게서 두드러지게 나타나며, 이를 '스마일 마스크 증후군(Smile Mask Syndrome)'이라고 표현하기도 합니다. 겉으로는 웃고 있지만 속으로는 우울감을 숨기고 있는 가면성 우울증의 일종이죠. 자신의 실제 감정과 외부로 표현하는 감정 사이의 괴리감이 클수록 심리적 불안정은 커지며, 이는 결국 번아웃이나 더 심각한 정신 건강 문제로 이어질 수 있습니다.

여러분, 부정적인 감정이 나쁜 것일까요? 부정적 감정에 대해 너무 나쁘게만 생각할 필요는 없어요. '화가 난다',

'짜증이 난다', '고통스럽다'와 같은 신호는 우리 몸이 우리에게 보내는 생존 신호입니다. 이 신호들은 '지금 이 상황이 나에게 위협적이다', 혹은 '나의 경계가 침해당하고 있다'는 것을 알려주는 경고등과 같아요. 이 경고등을 켜는 감정들은 적절하게 표현될 수 있어야만 우리의 심리적 건강을 지킬 수 있습니다.

"남자애가 그러면 안 되지.", "이렇게 하면 안 돼."라는 식으로 아이의 감정 표현을 억누르게 되면, 아이는 자신의 감정을 신뢰하는 능력뿐만 아니라, 감정에 대한 판단 능력 자체를 상실하게 될 수 있습니다. 적절하게 화를 내는 것은 자신의 권리와 경계를 지키는 아주 정당한 행위라는 것을 우리 모두 인지해야 합니다. 감정을 자꾸 억누르면 그 감정의 '눈금' 자체가 발달하지 않아 나중에는 내가 무엇 때문에 힘든지조차 알 수 없게 됩니다.

감정 억제가 부른 번아웃

감정을 제대로 표출하지 못하고 억누르는 것은 엄청난 양의 정신적 에너지를 소모시키는 일입니다. 이는 우리를 심리적으로 번아웃 상태로 이끌어요.

이와 관련하여 로이 바우마이스터(Roy Baumeister) 교수의 '자아 고갈(Ego Depletion) 이론'은 중요한 통찰을 줍니다. 그의 유명한 실험 연구를 보면 자기 통제 능력은 마치 근육과 같아서, 한 번 사용하면 에너지가 소모되어 다른 일에 쓸 수 있는 의지력이 줄어든다고 합니다. 이 실험에서 참가자들은 두 그룹으로 나뉘어 각각 슬픈 영화나 재미있는 영화를 시청했는데요. 그중 한 그룹에게는 영화를 보는 동안 웃거나 우는 등의 감정을 표현하지 말라는 지시가 주어졌습니다. 겉보기에는 단순히 영화를 감상하는 것처럼 보이지만, 사실 감정을 억누르는 일은 생각보다 큰 정신적 에너지를 소모하는 일이었습니다.

영화 시청 후, 두 그룹 모두에게 집중력과 인내심이 필요한 과제가 주어졌습니다. 그 결과, 감정을 억제한 그룹은 그렇지 않은 그룹에 비해 훨씬 빨리 포기하거나 실수를 더 자주 범했습니다. 이 실험은 감정을 억누르는 행동이 무의식적으로 자기통제력을 소모시켜, 이후의 판단이나 행동 조절에도 영향을 미친다는 사실을 보여줍니다. 바우마이스터는 이 실험을 통해 의지력은 무한하지 않으며, 감정을 참는 것조차도 우리 안의 에너지를 점점 고갈시킨다는 점을 강조했죠. 그렇게 자아가 고갈된 상태에서는 충동적인 선택을 하거나 쉽게 지치는 일이 나타날 수 있습니다. 관계에서 감정을 억누르는 일이 반복될 때, 왜 점점 지치고 무기력해지는지 이해하는 데 도움이 되는 연구입니다. 감정을 억누르는 행위는 실제로 우리 뇌와 몸의 에너지를 고갈시킨다는 사실이 증명된 것이죠.

안타까운 건, 에너지가 고갈된 이들은 자신이 왜 이렇게 탈진하고 지쳤는지 그 이유를 명확히 알지 못한다는 점입니다. 원인을 모르면 무기력은 더욱 심화되고, 이는 조울증이나 양극성 장애와 같은 심각한 결과를 초래할 수도 있습니다. 그러니 자기 감정을 적절한 수준에서 표출하는 것은 우리의 생존에도 꼭 필요합니다. 친한 사이일수록 우리는 보여줄 것은 보여주어야 합니다. 그중 가장 핵심적인 것이 바로 '내 감정'입니다. "난 괜찮아."라는 말은 때때로 듣기 좋은 말처럼 들리지만, 사실은 그 사람과의 관계를 더 이상 깊게 발전시키지 못하게 만드는 차단막이나 벽이 될 수 있어요. 괜찮지 않은데 괜찮은 척, 불편한데 불편하지 않은 척하는 것은 결국 관계 속에서의 '위선'이 될 수 있다는 점을 생각해볼 필요가 있습니다.

관계의 깊이를 위한 메타 정서

우리의 감정은 단순한 기분이 아니라, 우리 내부의 상태와 외부 환경에 대한 중요한 데이터를 담고 있는 신호입니다. 이 데이터를 정확하게 읽어내는 능력이 바로 메타 정서(Meta-Emotion), 즉 메타인지적 정서 인식입니다. 이는 마치 나의 감정을 객관적인 시선으로 조망하고 분석하는 감독 역할을 한다고 보면 됩니다. 예를 들어, 직장 상사의 무리한 요구에 대해 순간적으로 화가 치밀어 오를 때, 메타 정서가 발달한 사람은 이렇게 생각합니다.

◆ 아, 지금 나에게 분노 감정이 올라왔구나. (감정 인지)
◆ 이 분노의 근원은 나의 노력과 시간이 제대로 존중받지 못했다고 느끼는 데서 비롯되었구나. (원인 분석)
◆ 지금 당장 폭발하는 대신, 이 감정을 잠시 멈추고 어떻게 대처하는 것이 내게 가장 합리적일까? (대처 전략 모색)

감정 억압은 에너지를 소모시키지만, 메타 정서는 감정을 인정하고 명명하며 에너지를 관리하고 활용하게 해줍니다. 감정의 폭풍우 속에서도 나라는 배의 키를 놓치지 않고, 나의 '심리적 자원(에너지)'이 얼마나 남았는지 정확히 알 수 있게 해주는 나침반과도 같은 능력이죠.

'부적절하게 밝은 사람'은 어쩌면 메타 정서가 잘 발달한 사람인지도 모릅니다. 높은 메타 정서 능력 덕분에 자신의 내부 상태를 정확히 파악하고, 불필요한 감정 소모를 줄이며, 남은 에너지를 긍정적인 사회적 상호작용에 효율적으로 할당하는 것일 수 있으니까요. 그런데 만약 그가 유난히 나와 있을 때만 늘 "괜찮아."라고 이야기한다면, 그때는 나를 한번 돌아봐야 해요. 겸허하게 나 자신에게 문제가 있을 수 있다는 신호를 포착해야 합니다. 내가 혹시 그 사람의 솔직한 감정을 너무 가볍게 여기거나, 그 사람의 힘든 이야기를 듣고 무심하게 지나쳐버리거나 오히려 그의 탓을 하지는 않았는지 진지하게 돌이켜보세요. 우리도 모르게 타인의 솔직함을 받아줄 심리적 공간을 제공하지 않았을 수도 있습니다.

메타 정서는 나이가 들면서 더욱 중요해지는 심리적 성숙의 지표라고도 할 수 있습니다. 메타 정서 능력이 뛰어난 사람일수록 자신의 감정을 조절할 뿐 아니라, 타인의 감정 반응에도 예민하게 반응하며 상황에 맞는 정서적 태도를 선택합니다. 결국 관계의 깊이는 서로의 감정을 얼마나 잘 이해하고, 그 감정을 안전하게 표현할 수 있는 분위기를 함께 만들어가느냐에 달려 있습니다.

Vincent Van Gogh, Wheat Field with Cypresses at the Haude Galline near Eygalieres, 1889

Vincent Van Gogh, Vase with Twelve Sunflowers, 1888

성격이 정반대인 사람과 잘 지내는 유일한 방법

접근 동기란 좋은 것을 추구하고 싶은 욕구, 내가 하고 싶고 보고 싶고 이루고 싶은 것을 누리려는 욕구를 말하고, 회피 동기란 싫어하는 것을 피하려는 욕구, 내가 싫어하는 것은 안 보고 안 겪고 싶은 욕구를 말합니다. 접근 동기가 강한 사람은 보통 긍정적 결과를 향해 움직이는 기질을 지닌 반면, 회피 동기가 강한 사람은 부정적 결과를 피하려고 하니 꼼꼼하고 예민합니다.

접근 동기가 강한 분들은 대체로 털털하고 추진력이 있습니다. 일이 생기면 망설이기보다 먼저 한 걸음 나아가고, 실수해도 다시 하면 된다고 생각하죠. 반면 회피 동기가 강한 분들은 신중하고 예민합니다. 위험 요소를 미리 감지하고, 실수나 허점을 조심스럽게 짚어내는 데 능하죠. 얼핏 보면 두 기질이 부딪히기 쉬워 보일 수 있지만, 사실은 아주 좋은 조합입니다. 한 사람은 속도를 내고, 다른 한 사람은 방향을 다듬습니다. 이 둘이 서로를 힘들게 하지 않고 잘 지내려면, 고마움을 자주 표현하는 것이 유일한 방법입니다. "너 덕분에 실수 안 했어.", "네가 있어서 일이 안정적으로 굴러간다." 이런 말들이 기질의 차이를 갈등이 아니라 협력의 에너지로 바꾸는 데 중요한 역할을 합니다.

DATE . .

감사는 심리적 고통을 감소시킨다

감사의 힘은 실로 큽니다. 어려운 여건이나 환경 속에서도 자신에게 여전히 허락되고 있는 것에 고마워하는 행동은 현재 나를 괴롭히고 있는 심리적 고통의 양을 감소시키기 때문이죠. 그래서 심리학자들은 감사를 가장 강력한 자기보호 기능이자 적극적인 회복탄력성이라고 생각합니다. 물론 이러한 결과들을 현실 부정을 통한 마취 효과로 폄하하는 사람들도 있습니다. 마취된 사람들은 강한 회복 동기를 느끼지 못합니다. 하지만 똑같이 물리적·신체적 고통을 겪으면서도 고마움을 느끼는 사람은 희망을 갖게 되고 그것이 회복탄력성으로 이어집니다.

'고맙다'라는 표현을 자주 하셔야 해요. "쌩유!" "감사 베리 감사!" "고맙고맙!" 등 감사를 재미있게 표현할 수 있는 나만의 방식을 몇 가지 만들어두세요. 나와는 다른 기질을 가지고 있고, 그래서 나의 부족함을 보완해주는 사람들에게 고마움을 표현하는 나만의 비책을 꼭 마련하시길 바랍니다.

DATE . .

> 감사는 실로 힘이 큽니다.
> 신체적 고통과 괴로움 속에서도
> 고마움을 느끼는 사람은 희망을 갖게 되고
> 이는 회복탄력성으로 이어집니다.

Vincent Van Gogh, Café Terrace at Night, 1888

고마움을 표현하는 연습

고마워하는 행동과 고마움을 표현하는 것이 이렇게 중요한데도 사람들은 평소에 별로 고마움을 표현하지 않습니다. 첫 번째 이유는 민망하고 어색해서, 해보지 않아서 그래요. 그런데 왜 안 했을까요? 연습을 하지 않아서 그렇습니다. "고맙습니다."라는 말을 주로 듣는 사람들, 예를 들어 학교 선생님이나 높은 지위에 있는 사람들은 고마움을 표현하는 연습을 잘 안 한 상태입니다. 그러면 누구에게 고마움을 표현하는 연습을 해야 할까요? 나보다 나이가 어린 사람, 경력이 적은 후배에게 표현을 자주 해본 사람은 정말 고마움을 표해야 할 때 제대로 그 마음을 전달할 줄 압니다. 나보다 어린 사람에게 고맙다는 얘기를 많이 해보세요. 그러면 필요할 때 그 말이 의외로 쉽게 나올 겁니다.

고마움을 표현하지 않는 두 번째 이유는 고마워할 이유를 잘 안 만들기 때문입니다. 내가 누군가에게 고마워할 일이 있다는 걸 빚진 일이 있다고 생각하는 거죠. 우리나라에서 '도와달라'는 말은 '우리는 한 팀이다'라는 뜻을 갖고 있습니다. 예민한 사람과 예민하지 않은 사람이 서로 도와달라는 말과 고맙다는 말을 쉽게 할 수 있어야 합니다.

DATE   .   .

도와달라는 말의 의미

도와달라고 말하는 것이 스스로 부족함을 드러내는 표현이라 자존감이 낮아질 것 같아서 걱정되시나요? 말하는 사람은 그렇게 느낄 수도 있습니다.

요즘 제가 그것과 관련된 연구를 하고 있는데요. 상대가 도와달라고 했을 때 "알았어." 하고 도와준 사람들은 나중에(오랜 시간이 흐른 후에) 상대가 '도와달라'고 했던 말을 기억하지 못했습니다. 그 사람에 대해 호감을 가지고 있었다는 것만 기억하고 있었습니다. 다시 말해 도와달라고 했던 건 부탁하는 사람의 머릿속에만 남아 있다는 거예요. 부담이나 자존감을 깎는 행위라는 것도 나 혼자만 인지하는 행동일 뿐이었던 거죠. 상대방의 머릿속에서는 도와달라는 말은 휘발되어 날아가고 대신 "당신과 나는 같은 팀이야. 공동체야. 우리야."라는 말로 번역되어 입력되었다는 거예요. 절대 부끄러워하거나 자존심 상해할 일이 아닙니다. 지금 용기를 좀 내서도 됩니다.

고마움을 표현하는 연습은 도움을 청하는 연습이기도 합니다. 좋은 의미에서 상대방을 쥐락펴락하는 사람들은 도와달라는 말을 잘합니다.

DATE . .

지혜로운
인간생활
LECTURE 2

만만하게 보이지 않고 존중받는 방법

우리는 대부분 좋은 사람으로 보이고 싶고, 존중받고 싶어서 친절하게 행동합니다. 하지만 안타깝게도, 친절함이 항상 존중으로 돌아오는 것은 아닙니다. 좋은 사람임에도 불구하고 무시당하거나 만만하게 보이는 경우가 흔하죠. 왜냐하면 대부분의 착한 사람들은 상대방의 요청을 거절하지 못하거나, 심지어 모욕적인 말을 들어도 참고 버티기 때문입니다. 그들은 '나는 좋은 사람이니 거친 언어나 나쁜 행동을 사용하고 싶지 않다'는 긍정적인 자아상을 지키려다가 결국 상처를 받고 맙니다.

하지만 이처럼 갈등을 무조건 회피하는 것은 상대방에

게 나의 경계(boundary)를 알리지 않는 위험한 행동입니다. 상대방은 '이 사람은 어디까지 요구해도 괜찮은 사람인지' 경계선을 파악하지 못하고 계속해서 선을 넘을 겁니다.

말투와 내용의 분리 전략

착하고 부드러운 사람들은 거절 상황에서 자신과 맞지 않는 강하고 단호한 톤으로 "안 됩니다!"라고 주장해야 한다고 생각합니다. 이 부자연스러운 역할 연기가 힘들어서 결국 거절 자체를 포기하게 되죠.

제가 제안드리는 방법은 평상시처럼 나긋나긋하고 상냥한 말투로 상대방에게 말하되, 그 안에 단호한 내용을 담는 것입니다.

- ◆ 말투 (형태): 평소 여러분의 친절하고 상냥한 톤을 그대로 유지하며 미소를 띠세요.
- ◆ 내용 (주장): 내용은 지극히 단호하고, 상대방이 더 이상 요청을 시도할 수 없도록 만드는 '최종 선언'을 담습니다.

예를 들어, 누군가가 곤란한 부탁을 했을 때, 웃으면서 상냥한 말투로 이렇게 말하는 겁니다.

"에고, 죄송해서 어쩌죠. 제가 아무리 친한 분이라도 이 부분은 제가 반드시 원칙을 지키고 있어서요. 다른 방법으로 도움을 드릴 수 있다면 기쁘게 함께 고민하겠습니다."

상냥함 속에 단호함을 숨기면, '친절한 사람'이라는 자아상을 지키면서도 '무시할 수 없는 단호한 경계를 가진 사람'이라는 인상을 동시에 심어줄 수 있습니다.

앵커링 효과를 이용한 존중 확보

앵커링 효과(Anchoring Effect)란 사람들이 판단을 내릴 때 초기에 제시된 정보(닻, Anchor)에 강하게 의존하는 경향을 말합니다. 상냥한 말투는 상대방에게 '이 사람은 친절하고 좋은 사람'이라는 긍정적인 앵커를 심습니다. 이후에 나오는 단호한 거절 내용은 이 '좋은 사람의 입에서 나온 예외적이고 중요한 선언'이 됩니다. 상대방은 이 거절을 개인적인 공격이 아닌, '철회 불가능한 신념'으로 받아들이게 되어 감정적인 반발 없이 수용할 가능성이 높아집니다.

자이가르닉 효과로 바운더리 각인하기

이 상냥함과 단호함의 역설적인 조합은 자이가르닉 효

과(Zeigarnik Effect)를 통해 상대방의 뇌리에 깊이 남습니다. 자이가르닉 효과는 완수되지 않은 일이나 기대가 충족되지 않은 상황을 더 오래 기억하는 현상입니다.

상대방은 친절한 당신에게 도움을 받을 수 있을 거라고 기대했다가 단호하게 거절을 당했으니 그 기대가 미완성인 상태로 남게 됩니다. 이 상반된 정보의 충돌은 상대방의 뇌에 인지적 각인을 일으켜, 당신의 '거절 능력'과 '확고한 경계'를 오랫동안 기억하게 만듭니다. 그 결과 만만하게 보거나 함부로 말하는 태도가 점차 사라질 겁니다.

막말의 심리학: 혐오와 생존 반응

상대가 만만해 보이면 거리낌 없이 막말을 던지는 사람들이 있습니다. 자신의 말투가 상대에게 어떤 상처를 줄지 생각하지 않고 너무나 가벼운 태도를 취합니다. 흥미롭게도 막말을 검색하면 연관 검색어에 '자유 발언'이 따라붙습니다. 19세, 20세기를 지나 점차 사회가 자유로워진 만큼 통제가 풀려 막말도 심해지고 있다는 역설을 보여주죠.

막말은 근본적으로 혐오에서 나오는 반응입니다. 심리

학에서 혐오는 인간에게 굉장히 중요하고 즉각적인 생존적 반응으로 봅니다. 혐오는 오염이나 질병을 유발할 수 있는 것들을 피하게 하여 생존을 가능하게 하거든요.

막말은 자기 자신에게 보내는 위급 신호

이 혐오 반응을 반대로 생각해본다면 흥미로운 결론에 도달합니다. 막말을 많이 하는 사람은 의식적이든 무의식적이든 자기 자신에게 굉장히 위급한 상황이라고 느끼고 있다는 겁니다. 그들은 자기 주변의 상황이나 대상에 대해 강한 불쾌감과 혐오를 느끼고 있으며, 이것이 방어적인 공격성으로 표출되는 것입니다.

혐오나 그에 준하는 불쾌감은 모든 사람이 느끼는 정상적인 생존 반응입니다. 오히려 이걸 느끼지 못하는 사람이 비정상이죠. 다만, 그 감정을 '표현하는 방식'이 문제가 됩니다. 막말은 '그런 생각을 했다'는 것이 문제가 되는 게 아니라 '그 말을 입 밖으로 꺼냈다'는 사회적 행동 때문에 문제가 되는 겁니다. 우리는 사회에서 해야 할 것을 하는 것도 중요하지만 하지 말아야 하는 것을 안 하는 것이 관계 유지에 너무나 중요합니다.

통제 소재와 막말

막말을 하는 사람들의 심리 기제 중 하나는 '통제 소재(Locus of Control)'를 외부로 돌리려는 경향입니다. 심리학자 줄리안 로터(Julian Rotter)에 따르면, 사람들은 자신의 삶에 대한 통제력이 자신에게 있다고 믿는 내적 통제 소재와 외부 환경이나 운명에 있다고 믿는 외적 통제 소재로 나뉩니다.

막말은 종종 자신의 무력감이나 불안을 외부 대상에게 투사하며 "너 때문에 내가 이렇게 힘든 거야!"라고 소리치는 행위입니다. 이는 자신의 부정적 감정에 대한 책임을 외부에 돌려 자기 정당화를 얻으려는 시도입니다.

막말하는 사람에게 대처하는 법

그렇다면 누군가가 나에게 막말을 했을 때 어떻게 대처를 해야 할까요? 막말하는 사람은 피하는 게 상책이라거나 상대에게 휘둘리지 않겠다는 의지로 무반응을 선택하는 경우도 많습니다. 하지만 이런 침묵은 의외로 다양한 오해를 불러일으킬 수 있습니다.

우선, 상대는 이 정도 말은 해도 된다고 판단할 수 있습니다. 어떤 피드백도 받지 못했기 때문에, 자신의 언행이 문제되지 않았다고 해석하는 것이죠. 특히 공격적인 사람일수록 상대의 반응을 통해 행동의 경계를 파악하는데, 반응이 없다면 그 말이 받아들여졌거나 수용되었다고 생각합니다.

누군가는 '내가 우위에 있다'는 확신을 갖게 되고 자신이 통제권을 가졌다고 느끼기도 합니다. 관계 안에서 무례함이 용인된다는 학습이 형성되면 그다음은 더 거칠고 더 직접적인 언행으로 이어질 가능성이 커집니다. 결과적으로 막말을 정당화시키고 반복하게 만드는 요인이 되고 말죠.

막말하는 사람에게는 반드시 반응을 해줘야 합니다. 하지만 막말에 대해 똑같은 방식으로 반응하거나 감정을 표출하는 것은 상황을 악화시키고 상대방에게 에너지를 공급하는 꼴이 됩니다. 나에게 막말하는 사람에게는 다음의 세 가지 규칙을 필수로 장착해야 합니다.

1. 웃지 말 것 (표정 금지)
유머로 넘기거나, 당황해서 나오는 어색한 미소조차 주지 마세요. 막말하는 사람은 그 미소를 '만만함' 혹은 '수용'으로 해석할 수 있습니다.

2. 화내지 말 것(감정 배제)
분노는 그들이 원하는 극적인 반응입니다. 감정을 드러내지 않고 무표정을 유지하여 상대방의 정서적 연료를 차단하세요.

3. 단호한 언어를 사용할 것(행동 요청)
막말의 내용에 대해 반박하지 말고 '행동'에 대한 명확한 요청을 담아 반응해야 합니다.

침묵은 강한 선택이 될 수 있습니다. 하지만 그 침묵이 경계 없는 수용으로 받아들여질 수 있다면, 단호하고 분명한 반응이 필요합니다. 물론 그 반응은 꼭 감정을 드러내야만 하는 건 아닙니다. 오히려 차분한 어조로, 그러나 선을 넘었음을 분명히 인식시켜 주는 방식이 효과적입니다. "그 말은 듣기 불편하다", "이런 식의 대화는 원하지 않는다"는 표현만으로도, 관계에서 반드시 필요한 경계를 만들 수 있습니다.

"말씀 방식이 부적절합니다. 다시 말씀해주십시오." (차

분하고 낮은 톤으로)

"저에게 막말을 하시면, 대화를 지속하기 어렵습니다. 잠시 멈추겠습니다."

사실 이렇게 반응하는 게 쉬운 일은 아닙니다. 자주 있는 일이 아니니까 당연합니다. 그러니 충분히 연습하셔야 합니다. 웃지 않고, 화내지 않으며, 단호한 언어를 사용하는 훈련을 통해, 우리는 '정서적 자해'를 막고 존중받는 사람으로 거듭날 수 있습니다.

Vincent Van Gogh, White House at Night, 1890

남의 말을 옮기는 사람의 특징

나의 말을 자꾸 옮기는 사람은 '자신에게는 확신이 없기 때문에' 타인의 주장을 통해 자신의 생각에 확신을 갖는 사람들입니다. 타인에게 자기주장을 하려고 나를 이용합니다.

그런데 말을 옮기는 사람들은, '어떤' 타인과 이야기할 때 자기주장의 확신이 커질까요? 나와 비슷하지만 나와 아무런 연관이 없는 사람, 취미는 비슷하지만 일과는 상관없는 사람입니다.

누군가 자꾸 내 말을 옮기고 나한테 뭔가를 물어본다는 건 나에 대한 굉장한 동질감 하나를 가지고 있다는 겁니다. 그 동질성은 아마도 사소한 것일 거예요. 순댓국을 좋아하는 사람들끼리 만났는데 정치적 견해까지 같다면 이후로 말이 아주 잘 통한다는 느낌을 갖는 식이죠. 남의 말을 옮기는 사람이 나에게 엉뚱한 동질감을 느끼고, 그것과 전혀 무관한 이야기를 통해서 확신하게 된 거죠.

그렇다면 이제 내가 해야 할 행동은 무엇일까요?

그 사람이 내 말을 옮기는 게 상관없다면 그냥 놔둬도 되겠지만 그게 싫다면 행동을 해야 합니다. 뭘 해야 할까요? "내 말 옮기고 다니지 마세요."라고 직접 말하기는 부담스러울 거예요. 그때는

DATE . .

그저 그 사람과 내가, 우리가 서로 다르다는 것을 인지하도록 만들어주시면 됩니다.

"너는 순댓국을 좋아하는구나. 나는 돼지고기는 못 먹어."

"너는 늦게 자는 걸 좋아하는구나. 나는 아침형 인간이라 일찍 자고 새벽에 일어나."

이렇게 서로 이질성이 있다는 걸 알려주고, 상대방이 인지할 수 있게 해줘야 해요. 직접 이야기하기보다 넌지시 어떤 행동을 해서 변화시키는 게 좋습니다. 이런 걸 행동경제학에서 '넛지'라고 하죠. 넛지를 잘 이용해서, 타인을 통해 나를 증명하려고 하는 사람 문제를 해결할 수 있습니다.

DATE . .

> 나의 말을 자꾸 옮기는 사람이 있다면
> 서로 이질성이 있다는 걸 알려주고,
> 상대방이 인지할 수 있게 해줘야 해요.
>
> 넛지를 잘 이용하면
> 타인을 통해 나를 증명하려고 하는 사람
> 문제를 해결할 수 있습니다.

Vincent Van Gogh, Gauguin's Chair, 1888

분위기 파악도 큰 능력이다

사람들은 어느 정도는 상황에 따라 다르게 반응합니다. 다른 말로 하면 분위기를 파악하는 거죠. 상황에 조금도 민감하지 않으면 분위기 파악 못 하는 사람, 개념 없는 사람이 됩니다. 사회생활을 할 때는 분위기를 잘 파악하는 것도 큰 능력입니다.

DATE . .

가식적인 사람을 대하는 방법

가식적인 사람들은 대개 자존감은 낮은데 자만감이 높습니다. 상황에 적극적으로 대처할 수 있는 사회적 기술을 가지고 있다면 자신감도 있을 겁니다. 자신감도 있고 자만감도 있는데 자존감만 없는 거예요. 그렇게 보면 참 짠하고 불쌍합니다.

조금 더 넓혀서 생각해볼게요. 가식적인 사람을 근본적으로 이해해봅시다. 그 사람이 가식적인 이유는 따돌림받기 싫다는 불안감이 크기 때문이라고 했습니다. 그래서 그 사람한테 어느 정도 구속력을 행사한다면 그의 가식적인 모습이 좀 줄어들 수 있습니다.

이 말은 에리히 프롬의 『자유로부터의 도피』에서 한 주장이기도 합니다. 인류 역사를 보면 인간은 가장 고귀한 가치인 자유를 찾기 위해 엄청난 희생과 피의 대가를 치렀습니다. 그런데 자유를 찾고 났더니 다시 안정감을 그리워하게 되더라는 겁니다. 바로 인간행동의 동기 중 일체감을 갖고자 하는 욕구, 즉 귀속감 때문입니다.

DATE   .   .

가식적인 사람과 함께 일해야 한다면

가식적인 사람, 위선적인 사람은 불안한 사람입니다. 이들은 타인의 인정과 소속에 과도하게 의존하기 때문에, 자신이 고립될지도 모른다는 두려움에 늘 시달립니다. 그러다 보니 고립되지 않으려고 '따돌리기'라는 나쁜 전략을 쓰기도 합니다. 그런데 그 사람이 일은 어느 정도 잘해서 조직에 필요한 사람이라면, 좀더 강하고 장악력 있는 리더와 함께 일하도록 환경을 만들어주면 나쁜 행동을 방지할 수도 있습니다.

실제로 연구에 따르면, 불안정한 기질을 가진 사람들은 강하고 안정적인 리더십 환경에서 방어적 행동이 줄어드는 경향이 나타납니다. 리더의 장악력은 단지 업무 지시를 위한 도구가 아니라, 구성원에게 정서적 안전감을 제공하는 역할도 한다는 것이죠.

우리가 모든 걸 다 해결할 수는 없겠지만 여러 방향에서 방법을 생각해볼 수 있습니다. 이런 조치를 취하면 조직 내에서 인간관계가 조금은 더 편안해질 수 있습니다.

DATE . .

가식적인 사람, 위선적인 사람은 불안한 사람입니다.
사실 그 불안을 다른 사람이 해결해줄 수는 없어요.
기본적으로 그들에게는 기저에 늘 큰 불안이 있어서,
고립되지 않으려고 '따돌리기'라는
나쁜 전략을 쓰는 깁니다.

Vincent Van Gogh, The Church at Auvers, 1890

한국은 관계주의가 강한 나라

우리나라는 전 세계에서 관계주의적 성향이 가장 강한 문화를 가지고 있어요. 관계주의란 '우리'를 '자아'로 동일시하여 타인과의 관계 형성을 통해 '자아'를 형성하는 걸 말합니다. 집단주의와는 조금 다르죠. 집단주의란 나의 집단이 나의 자아를 결정하는 것을 말합니다. 일본 사람들이 전형적으로 집단주의 성향이 강합니다. "나는 소니 다닙니다." 이 한마디로 자기소개가 끝납니다.

우리나라 사람들의 자아는 훨씬 복잡해요. 나를 둘러싸고 있는 관계 속에서 내가 어떻게 불리느냐가 곧 나예요. 그런데 나를 부르는 호칭이 수백 가지도 넘습니다. 내 자아를 설명하는 말의 리스트가 길어요. 이것이 바로 관계주의입니다.

관계주의적 성향이 강한 우리나라 사람들에게는 너무 엉뚱한 걸 관련 있는 것으로 생각하는 경향이 있어서, 이것과 저것은 종류가 다르다며 그렇게 묶으면 안 된다고 지적해주는 사람이 필요합니다.

DATE   .   .

나와 관점이 다른 사람과 협력하려면

제2차 세계대전이 만든 유명한 전쟁 영웅이 있습니다. 바로 드와이트 아이젠하워와 조지 패튼입니다.

이 두 사람 모두 리더입니다. 아이젠하워와 패튼 사이에 갈등이 없었던 것은 아니지만 결국은 서로 다르다는 것을 인정하고 보완했습니다. 자기의 장점을 상대방은 가지고 있지 않지만 상대방의 장점을 나도 가지고 있지 않다는 것을 인정한 것이죠. 서로를 적극적으로 이용하면서도 서로 돕는 관계를 만들어냅니다. 갈등하면서도 파국을 맞지는 않았습니다. 계획을 세우는 리더와 실행하는 리더가 아웅다웅하는 것 같지만 협동을 통해 전쟁을 승리로 이끌어냅니다.

공동의 목표에 대한 헌신이 얼마나 지극하건 누구도 지적받길 좋아하진 않습니다. 더 나은 혁신적인 생각이나 문제해결 방법을 도출해내기 위해 잘못된 점을 지적하는 것은 서로에게 좋은 일이죠.

직장에서 더 성장하는 인재가 되려면 관점이 다른 사람도 나와 상보관계가 될 수 있음을 이해해야 합니다. 내가 할 수 없는 역할을 해줄 수 있는 고맙고 소중한 존재라는 것을 인정해야 해요. '갈

DATE   .   .

등하지만 필요한 존재, 내가 좋아하진 않지만 나에게 도움이 되는 존재'라는 걸 생각하면서 지혜롭고 낙관적인 관점을 견지하길 바랍니다.

DATE . .

지혜로운
인간생활
LECTURE 3

갈등을 마주하고 기회로 삼아라

우리 모두 갈등은 피하고 싶어합니다. 친구와의 오해, 직장에서의 충돌, 가까운 사람과의 말다툼까지…. 이런 상황이 생기면 마음부터 움츠러들죠. 왜 우리는 이렇게 갈등을 불편하게 느낄까요?

인지심리학에서는 이 반응이 단지 감정적인 문제가 아니라, 우리 뇌가 가진 '생존 중심의 작동 원리'에서 비롯된다고 설명합니다. 예전 수렵채집 시대에는 집단에서 갈등을 일으키거나 소외되는 것이 곧 생존의 위협으로 이어졌습니다. 그래서 우리의 뇌는 오랜 시간 동안 '갈등은 위험하다'고 학습해온 겁니다.

하지만 지금 우리가 살아가는 사회는 그때와는 다릅니다. 갈등은 더 이상 생존을 위협하지 않아요. 오히려 생각이 다르기 때문에, 관점이 충돌하기 때문에 새로운 아이디어나 관계의 전환점이 생길 수 있습니다. 그럼에도 우리는 여전히 갈등을 본능적으로 피하려 하고, 이 회피는 때때로 더 큰 오해와 단절을 불러오기도 합니다. 이럴 때 필요한 건 갈등을 단순히 감정의 충돌로 보지 않고 정보와 관점의 충돌로 이해해보는 마음입니다.

오해는 왜 그렇게 쉽게 만들어질까

사람과 사람이 부딪힐 때, 우리는 종종 상대방의 행동을 '그 사람의 성격 탓'으로 돌립니다. 보고서를 제시간에 내지 않은 팀원을 보며 게으른 사람이라고 단정짓거나, 말투가 까칠한 사람에게 원래 성격이 안 좋다고 생각하는 식이죠.

이런 사고방식을 기본적 귀인 오류라고 부르는데, 누군가의 행동을 볼 때, 그 사람이 처한 상황은 무시한 채 성격, 인격 같은 내부 요인만으로 원인을 해석하려는 경향을 말합니다. 실제로는 몸이 아팠다거나, 예상치 못한 가족 문제가 있었을 수도 있죠. 그런데 우리는 그런 맥락을 보지 못한 채, 상대를 '문제 있는 사람'으로 규정해버리는 실수를 자주 합니다.

이렇게 되면 자연스럽게 대화도 멈추게 돼요. 이미 판단을 내렸기 때문에, 상대의 말을 들으려는 노력조차 하지 않게 되는 겁니다. 그래서 갈등이 생겼을 때는, 이런 질문을 자신에게 건네보세요.

"혹시 지금 이 사람의 행동, 상황 탓은 아닐까? 무슨 일이 있었던 걸까?"

이 짧은 질문 하나만으로도 마음은 한 걸음 물러나고, 오해 대신 이해가 들어설 자리가 생깁니다.

다르다는 게 왜 그렇게 불편할까요

우리는 생각이 다른 사람을 만나면, 어느새 그 다름을 '틀림'으로 받아들이곤 합니다. "왜 저렇게 생각하지?", "도무지 이해가 안 돼." 하는 순간, 마음엔 벽이 생깁니다. 이건 단지 고집 때문이 아니라 우리 마음이 느끼는 심리적 불편함, 즉 인지 부조화의 결과입니다.

심리학자 레온 페스팅거는, 우리가 자신의 신념이나 가치와 충돌하는 정보를 접하면 불편함을 피하려고 마음속에서 정당화 작업을 한다고 설명했어요. 내가 옳다고 믿고 싶은 마음이 강할수록, 상대의 말은 더 쉽게 틀린 것이 되어버립니다.

하지만 그 다름 속에도 충분히 의미가 있을 수 있습니다. 상대방의 생각은 그 사람이 살아온 경험과 가치관의 산물이기 때문입니다. 그래서 인지심리학에서는 '공감'을 단지 감정을 함께 느끼는 것이 아니라 상대의 관점을 이해하려는 사고의 노력이라고 설명합니다.

갈등의 순간, 이런 질문을 던져보면 어떨까요?
"저 사람에게는 저 말이 왜 의미가 있을까?"
그 질문은 판단을 늦추게 하고, 대화의 문을 다시 열게 만들어줍니다.

나를 싫어하는 사람과 부딪힐 때

살다 보면 나를 불편하게 느끼는 사람과 마주하게 될 때도 있습니다. 나를 싫어하는 사람과 마주칠 때, 우리는 본능적으로 방어하거나, 정면으로 맞서고 싶은 충동을 느끼곤 합니다. 하지만 그 감정에 즉각적으로 반응하는 순간, 상황은 더 복잡해지고 관계는 더 어긋나기 쉽습니다. 인지심리학에서는 타인의 평가보다 더 중요한 것은 '내가 스스로를 어떻게 인식하느냐'라고 말합니다. 자신에 대한 안정적인 자아상이 있는 사람일수록 외부의 비난이나 부정적 평가에 덜 흔들립니다. 결국 '그 사람이 나를 싫어하는 이유'보다 중요한 건 '그 감정에 내가 얼마나 영향을 받느냐'입니다.

또한, 인간의 인지 시스템은 부정적 정보에 더 강하게 반응하도록 설계되어 있다는 점도 기억할 필요가 있습니다. 이를 '부정성 편향(negativity bias)'이라고 부르는데, 이는 단 하나의 부정적인 피드백이 수많은 긍정적인 상호작용보다 더 오래 기억에 남고, 더 큰 정서적 영향을 끼친다는 것을 의미합니다. 그렇기에 나를 싫어하는 사람의 말이나 표정 하나에도 과도하게 의미를 부여하고, 스스로를 왜곡된 방식으로 평가할 위험이 있습니다. 이럴 때일수록 자신을 중심에 두고, 반응보다는 해석의 거리를 두는 것이 필요합니다. 상대의 감정이 나의 진실이 되는 일은 없어야 하니까요.

내가 불편한 사람과 협업해야 할 때

가끔은 나 자신이 누군가를 불편해할 때도 있습니다. 그런 사람과 꼭 협업해야 한다면, 그때 중요한 것은 감정을 억누르는 게 아니라, 그 감정이 내 인지 능력과 일상에 영향을 주지 않도록 경계를 설정하는 일입니다. 감정적인 스트레스는 우리의 기억력, 집중력 같은 뇌의 자원을 갉아먹습니다. 누군가를 계속 의식하거나, 마음속에서 반복적으로 생각하는 것만으로도 내 정신 에너지의 상당 부분을 소모하게 되는 거예요. 불쾌한 상황에 과도하게 집중하면, 문제 해결 능력이나 창의력, 사고의 유연성이 현저히 떨어지게 됩니다. 그래서 다음과 같은 실천 방법이 필요합니다.

- ◆ 그 사람과의 대화는 업무 중심으로만
- ◆ 접촉 시간은 최소화
- ◆ 불필요한 생각은 다른 주제로 전환해보기

이건 감정을 피하거나 무시하는 것이 아니라, 내 일상과 마음을 건강하게 지키기 위한 선택입니다.

어쩌면 가장 중요한 순간은 갈등이 끝난 이후일지 모릅니다. 다툼은 지나갔지만, 그 경험을 통해 나 자신에 대해 더 깊이 이해하고, 다음에는 더 현명하게 반응할 수 있다면, 그것만으로도 충분히 의미 있는 갈등이었다고 할 수 있습니다.

갈등이 지나간 뒤, 스스로에게 이런 질문을 해보면 좋습니다.
"내가 왜 그렇게 반응했을까? 어떤 말이 나를 건드렸을까?"
이 질문은 내가 소중히 여기는 가치나, 마음속 경계선을 깨닫게 해줍니다.

그리고 상대방을 이렇게 바라보는 연습도 해보세요.
"저 사람은 왜 그렇게 반응했을까? 어떤 마음이 숨겨져 있었을까?"
상대의 성격이 아니라, 욕구나 두려움의 신호로 그 행동을 바라볼 때, 이해의 실마리가 생깁니다.

마지막으로 내 대응을 되돌아보는 것도 중요합니다.
"그때 나는 내 감정을 잘 표현했나? 다음번엔 어떤 방식으로 대화를 이끌 수 있을까?"
이런 질문들이 쌓이면, 갈등은 점점 더 나에게 익숙하고 다룰 수 있는 경험이 됩니다.

갈등은 마음의 성장통

갈등은 누구에게나 피하고 싶은 순간이지만, 동시에 우리를 가장 많이 성장시키는 기회이기도 합니다. 갈등을 잘 들여다보면, 내가 어떤 것에 가치를 두고 있고, 어떤 말에 상처받는지, 어떤 식으로 관계를 풀어가고 있는지를 알 수 있어요.

갈등은 늘 좋은 결과만을 보장하지는 않지만, 그 경험을 어떻게 해석하고, 어떤 배움을 가져갈지는 우리의 몫입니다. 싸움이 아니라 서로 다른 세계가 만나 부딪힌 일이라 생각해 보면, 거기서 내가 배울 수 있는 것들이 분명히 존재할 겁니다.

결국 중요한 건 기술이 아니라 태도입니다.
다름을 존중하는 마음, 상대의 맥락을 읽어내려는 노력, 감정에 휘둘리지 않고 스스로를 지키는 감정 근육, 그리고 경험을 성찰로 바꾸는 메타인지의 힘.

이 네 가지를 우리 마음속에 잘 담아둔다면, 갈등은 이제 더 이상 두려운 것이 아니라, 나를 더 깊이 들여다보게 해주는 '정직한 선생님'이 되어줄지도 모릅니다.

Vincent Van Gogh, Bedroom in Arles, 1890

마음속 깊이 간직하고 싶은 문장들

1부의 필사 문장 중 오래도록 기억하고 싶은 문장을 꼽아 적어보세요.

필사를 하며 떠오른 생각들

1부를 필사하면서 떠올랐던 생각들을 적으며 정리해보세요.

Vincent Van Gogh, Wheatfield with Crows, 1890

2부
온전한 나로 서기

나에게 집중하면
인간관계에서 자유로워진다

Vincent Van Gogh, Roses, 1890

인간은 타인과 관계 맺으며 살아가지만, 동시에 자기 자신과도 평생을 함께해야 하는 존재입니다. 그러니 지혜로운 인간생활을 위해 무엇보다 중요한 것은 타인의 시선에 휘둘리지 않고, 스스로에게 집중하며 온전한 나로 서는 방법을 아는 것이겠지요.

2부에서는 바로 이 '나 자신'에 대해 이야기하고자 합니다. 내가 진정으로 원하는 것은 무엇인지, 어떤 모습으로 살아가고 싶은지 끊임없이 묻고 답하는 과정 속에서 우리는 비로소 나다운 삶을 찾아갈 수 있습니다.

행복해질 권리가 있는 날들

미국에서 유학하던 시절, 저는 죽어라고 공부만 했습니다. 토요일, 일요일에도 도서관에 나와서 공부하고 심지어는 크리스마스이브에도 공부를 했어요. 우리나라 지도교수님이면 당연히 이렇게 말씀하셨을 거예요.

"열심히 하네. 대견해."

그런데 유학 시절 제 지도교수님은 그런 저를 보면서 걱정이 됐는지 불러서 이렇게 말씀하시더라고요.

"경일, 네가 미국 땅에서 이렇게 공부하면서 보내는 이 오늘, 하루하루도 네 인생에서 마땅히 행복해질 권리가 있는 날들이야."

그 말을 듣는 순간 저는 멍해졌습니다. 머리를 한 대 얻어맞은 것처럼 멍하다는 표현도 그때 몸으로 느꼈죠. 그리고 지도교수님은 이렇게 말씀을 덧붙였습니다.

"오늘은 빨리 집에 들어가서 가족들이랑 맛있는 거 먹고 푹 자도록 해. 그렇게 3일 정도 지내다가 다시 연구실로 돌아와."

DATE . .

행복을 너무 거창하게 생각하지 마세요

연세대학교 심리학과 서은국 교수님이 『행복의 기원』이란 책을 쓰시면서 저한테 이런 얘길 하셨어요.

"내가 지금까지 행복에 관련된 이야기를 참 많이 했지만 사실은 이 책에 내가 진짜 하고 싶은 얘기를 담았어요."

"가장 하고 싶은 이야기가 뭐였는데요?"

"행복은 목표가 아니라는 것이요. 행복은 도구예요. 행복이란 인생의 궁극적인 목표나 생을 마감하는 어느 순간에 최종적으로 도달해야 하는 상태가 아니라 오늘 하루하루에도 마땅히 느껴야 하는 것입니다."

행복을 너무 거창하게 생각하지 마세요. 행복은 틸러가면시 인고해야 하는, 그래서 끝내 어느 순간에 만나야 하는 목표가 아니에요. 오늘 하루하루 우리가 소소하게 느껴야 하는 도구일 뿐입니다.

DATE   .   .

지혜로운
인간생활
LECTURE 4

외로움의 심리학

"외로움을 이기려면 사람을 많이 만나는 게 좋은 걸까요?"

이 질문의 답은 생각보다 복잡하고 모순적입니다. 실제로 강연장에서 저는 이 질문을 정말 많이 받습니다. 어떤 분은 사람을 만나야 에너지가 생긴다고 하고, 어떤 분은 오히려 사람을 만나고 오면 외로움과 피로감이 증폭된다고 호소합니다. 이처럼 정반대의 반응이 나오는 이유가 무엇일까요?

그 핵심에는 우리가 흔히 간과하는 '사회적 에너지 용

량(Social Energy Capacity)' 개념, 즉 '사회적 배터리(Social Battery)'가 숨어 있습니다. 이 개념을 가장 직관적으로 이해할 수 있게 도와주는 비유가 바로 주량(酒量) 비유입니다. 술은 적정량을 넘지 않으면 분위기를 돋우고 관계를 부드럽게 이어주지만, 과음하면 건강을 해치고 실수를 낳으며 관계를 망가뜨릴 수 있죠. 이와 마찬가지로, 사람 만남도 적정량을 넘으면 우리 내면의 에너지를 소진하고 피로를 남깁니다.

사람들과의 만남도 마찬가지입니다. 적정량을 넘으면 우리 내면의 에너지를 소진하고 피로를 남깁니다. 외로움 해소에 도움이 되려면, 우리는 이 '만남의 주량'을 파악하고 조절해야 합니다.

만남이 에너지가 되는가, 부담이 되는가

사람들과의 상호작용은 우리 마음속 에너지 통장을 소모하거나 채워주는데, 이는 만남이 단순한 활동이 아니라 인지·감정·사회적 자원을 동시에 요구하는 복합적 과정이기 때문입니다. 사회적 배터리가 방전되는 원인은 다양합니다.

◆ 만남 상대의 특성: 가까운 친구와의 대화는 덜 피곤한 반면, 낯선 사람 또는 갈등이 있는 사람과의 상호작용은 훨씬 더 많은 에너지를 필요로 합니다.

◆ 모임 규모: 소규모 혹은 일대일 대화는 상대적으로 덜 소모적이지만, 큰 그룹 모임이나 네트워킹 이벤트는 사회적 자극과 상호작용의 복잡성 때문에 더 많은 인지 부담을 줍니다.

◆ 시간과 지속성: 긴 시간 동안 이어지는 만남은 배터리를 천천히 고갈시키고, 휴식 없이 연속되는 만남은 회복 기회를 차단합니다.

◆ 현재 신체·심리 상태 및 스트레스: 피곤하거나 스트레스가 쌓여 있는 상태에서는 동일한 만남이라도 더 빨리 소진됩니다.

◆ 인지 부하 및 주의 집중 요구: 말의 맥락을 해석하고 감정과 표정을 읽고 적절히 반응하는 과정이 모두 우리의 인지 자원을 요구합니다. 사회적 상호작용이 복잡하면 복잡할수록 그 부담이 쌓입니다.

이렇듯 동일한 만남이라도 사람마다, 시간마다 느낌이

다를 수 있는 건 바로 이 '사회적 배터리'의 상태와 특성이 다르기 때문입니다.

신경과학적으로 볼 때도, 타인의 감정을 읽고 상황을 해석하고 적절히 반응하는 일은 굉장히 복잡한 작업입니다. 그 과정에서 전전두엽처럼 고차원적인 사고를 담당하는 뇌 영역들이 활발하게 작동합니다. 사람을 만나는 일은 단순히 말 주고받는 일이 아니라, 생각보다 훨씬 고도의 인지 활동이라는 뜻이죠. 그래서 사회적 활동이 많아질수록 뇌는 점점 더 피로해지고, 어느 순간부터는 반응 속도나 판단력이 뚝 떨어지기도 합니다.

실제로 생물학과 인지과학에서는 '집단 과부하 모델'이라는 개념이 있습니다. 동물 집단이나 네트워크 시스템에서도 상호작용이 과도해지면 오히려 정보 처리 속도가 느려지고 효율이 떨어진다는 겁니다. 인간도 마찬가지입니다. 하루 종일 수많은 대화를 나누고, 표정과 분위기를 읽고, 무언가를 배려하면서 에너지를 쓰다 보면 뇌는 과부하 상태가 됩니다. 그럴 땐 평소 같으면 아무렇지 않게 넘길 수 있는 말에도 예민해지고, 상대의 의도를 오해하거나 필요 이상으로 피로를 느끼게 되죠.

결국 관계는 '많이' 맺는 것보다 '잘' 맺는 것이 중요합니다. 때로는 나와 타인 사이에 적당한 거리와 여유를 유지하는 것이, 관계를 오래 지속시킬 수 있는 좋은 방법이 될 수 있습니다.

내향인과 외향인

많은 분들이 제게 이렇게 물으십니다. "교수님은 외향인이시죠?" 무대 위에서 강의를 하고, 청중과 웃으며 교감하는 제 모습을 보시고 자연스럽게 그렇게 느끼시는 것 같습니다. 그런데 조금 의외일 수도 있겠지만, 저는 어떤 성격 검사를 해도 늘 '내향인'으로 나옵니다. 이 사실은 많은 분들이 가지고 있는 하나의 착각을 바로잡아줍니다. 내향인이라는 말은 '사람을 싫어하는 사람'이 아니라, 단지 에너지를 어떻게 충전하느냐의 차이일 뿐입니다.

심리학자 칼 융(Carl Jung)은 외향성과 내향성을, 타인과의 상호작용에서 에너지를 얻는 사람과, 혼자 있는 시간을 통해 재충전하는 사람으로 구분했습니다. 이후의 성격심리학과 신경생리학 연구들에서도 이 개념은 더 정교하게 다듬어졌죠.

예를 들어, 내향적인 사람은 외부 자극에 더 민감하게 반응하고, 같은 자극에도 피로를 더 빨리 느낄 수 있다는 연구들이 있습니다. 반면 외향적인 사람은 더 많은 사회적 자극을 즐기며, 사람들과의 상호작용 속에서 활력을 얻는 경우가 많죠. 하지만 이 구분이 곧 '내향인은 사람을 안 좋아하고, 외향인은 혼자 있는 걸 싫어한다'는 뜻은 아닙니다. 내향적인 사람도 깊고 진지한 대화를 즐길 수 있고, 외향적인 사람도 스스로를 정돈할 수 있는 조용한 시간이 꼭 필요합니다.

실제로 많은 사람들은 내향성과 외향성의 중간 지점의 특성을 가지고 있다고 보는 편이 더 정확합니다. 저 역시 사람을 만나는 일이 부담스럽다고 느끼지는 않지만, 제 사회적 배터리가 얼마나 크고, 어느 정도 소모되면 쉬어야 하는지를 잘 알고 있을 뿐입니다. 자신의 성향을 이해하고, 그에 맞게 에너지 관리의 방식을 선택하는 것. 그것이 내향성과 외향성을 떠나 누구에게나 필요한 자기 이해의 출발점이 아닐까 싶습니다.

중년 이후, 사회적 배터리 관리

중년 이후에는 사람을 만나고 관계를 유지하는 일이 예전보다 훨씬 많은 에너지를 요구합니다. 젊을 때는 활동적인 성향이 자연스럽게 받아들여지지만, 나이가 들수록 얼굴에 피로가 쉽게 드러나고, 말투나 태도 하나로도 '예전보다 까칠해졌다'는 오해를 받기 쉽습니다. 하지만 이런 변화는 인격이나 태도의 문제가 아니라, 에너지와 인지 자원의 분배 방식이 바뀌는 자연스러운 흐름입니다.

저의 경우를 예로 들어보면, 주 1회의 만남이 제 적정선입니다. 이를 넘기면 특별히 피곤하거나 아프지 않아도, 얼굴에 피로가 묻어나고 말수도 줄어들곤 합니다. 제 사회적 배터리가 이미 거의 바닥에 다다랐던 겁니다. 인지심리학에서는 이를 '인지 과부하' 상태라고 설명합니다. 사회적 상호작용은 단순히 사람을 만나는 것이 아니라, 미소 짓기, 대화 조율, 공감하기 등 복잡한 뇌의 활동을 요구하는 고차원적 인지 작업이기 때문입니다.

인지 부하 이론(Cognitive Load Theory)은 인간의 작업 기억과 정보 처리 용량이 제한되어 있다는 사실을 바탕으로 합니다. 사회적 상호작용은 단순히 사람을 만나는 것이 아니라, 복잡한 감정 해석과 언어적 조율, 비언어적 신호 파악 등을 요구하는 '인지 과업'입니다. 특히 중년 이후에는 이 인지적 자원의 회복 속도가 느려지기 때문에, 같은 자극에도 더 쉽게 지치고 더 오래 회복이 필요합니다. 또 사회적 주의(attentional allocation)와 관련된 연구에 따르면, 인지 부하가 높아질수록 타인을 향한 공감이나 세심한 관찰이 줄어드는 경향도 확인되었습니다. 다시 말해, 피로한 상태에서는 상대방의 말이나 감정에 민감하게 반응하는 능력 자체가 떨어지는 겁니다.

나이가 들수록 진짜 중요한 관계를 유지하는 일이 점점 더 소중해지기 때문에, 사회적 에너지의 흐름을 잘 관리하는 것이 필요합니다. 꼭 필요한 만남에 더 집중하고, 자신의 회복 속도를 고려해 약속의 간격을 조절하는 것이 관계의 질을 지키는 방법입니다.

사회적 번아웃을 예방하는 5가지 심리 전략

그렇다면 어떻게 해야 만남이 외로움을 잊게 하는 '약'이 되게 할 수 있을까요? 핵심은 통제감(Sense of Control)을 확보하는 것입니다.

1. 예측 가능한 만남 계획 세우기 (구체적 계획 효과)

만남을 예측 가능한 형태로 배열하는 것은 단순한 일정 관리가 아니라, 뇌에 '이 만남은 내가 감당할 수 있는 선에서 계획된 것이다'라는 정신적 안전감을 주는 일입니다. 인지심리학의 구체적 계획 효과(Specific Planning Effect)는 목표를 구체적인 시점과 장소로 설정할 경우 실행 확률이 높아지고, 실행 실패 시 느끼는 불안이나 죄책감이 줄어든다는 것을 보여줍니다.

예를 들어, "이번 달 한 번쯤 친구를 만날 거야."라는 모호한 계획보다, "이번 금요일 오후 3시에 커피 한 잔 하자."라고 정해두면 실행 가능성이 높아지고 마음의 부담도 줄어듭니다. 저는 이 방식을 활용해 일주일에 한 번, 한 달에 네 번 정도 만남을 정해두었고, 이를 어겼을 때 스케줄이 과중해지는 것을 방지하는 역할도 했습니다.

2. 선택과 집중 (사회적 활동 참여)

많이 만나는 것만이 능사가 아닙니다. 중요한 건 만남의 질과 깊이입니다. 감정적 부담 없이도 마음이 통하고 에너지가 덜 소모되는 관계를 중심으로 만나는 것이 중요합니다. 사회적 활동 참여와 인지 건강 간의 상관관계 연구에서도, 단순한 접촉 빈도보다는 참여의 질이 더 강한 영향을 미친다는 결과들이 보고되고 있습니다. 많은 사람 앞에서 인사를 나누는 모임보다, 오래된 친구 한두 명과 긴 대화를 나누는 시간이 더 회복력이 클 수 있습니다

3. 혼자 있는 시간 확보하기

만남 사이사이에는 반드시 고독의 시간을 두어야 합니다. 이 시간은 단순한 배제나 차단이 아니라, 내면의 소리를 듣고 생각을 정리하며 재충전하는 시간입니다. 고독이 주는 심리적 효과도 무시할 수 없습니다. 연구들에 따르면, 고독한 시간은 자아 통합을 돕고 반추적 사고를 조절하는 데 도움을 줍니다. 고독의 시간은 단순히 쉬는 시간이 아니라 관계와 감정, 자아를 다시 정비하는 은밀한 작업실입니다.

4. 사회 동기와 사회 에너지를 구분하라

한 가지 유념할 점이 있습니다. 사람 만남에 대한 욕구, 즉 사회 동기(social motivation)와 실제로 만남을 감당할 수 있는 사회 에너지(social energy)는 다릅니다. 동기는 만남을 원하게 하지만, 에너지가 부족하면 만남이 부담이 됩니다. 이 둘이 불일치할 때 우리는 좌절하거나 무력감을 느끼게

됩니다. 따라서 자신의 욕구와 에너지 수준을 동시에 들여다보아야 합니다. 욕구가 커도 에너지가 낮다면 잠시 멈추고 회복하는 쪽을 선택하는 용기가 필요합니다.

5. 거절하고 소통하라 (심리적 경계 설정)

만남을 거절할 줄 알아야 합니다. 사회적 압박을 느끼더라도, 내 배터리가 완전히 방전되기 전에 멈출 줄 알아야 지속 가능한 관계를 유지할 수 있습니다. 심리적 경계를 명확히 설정하는 것은 나를 지키는 행위이자 상대방에게 '존중받아야 할 사람'이라는 신호를 주는 일입니다. 필요하다면 가까운 사람에게 "오늘은 사회적 배터리가 낮다"는 말을 솔직하게 해두는 것도 좋습니다. 서로 양해해주는 분위기를 만들면 부담이 줄어듭니다.

외로움은 누구에게나 찾아오는 감정입니다. 그 감정을 쫓기 위해 무작정 사람들을 만나기보다는, 내가 감당할 수 있는 사회적 배터리 용량을 이해하고 조절하는 것이 더 오래 지속 가능한 방법입니다. 만남이 우리에게 약이 되려면, 반드시 경계라는 보호막이 필요합니다. 그 경계를 알 때, 만남도 휴식도 모두 나다운 방식으로 존재할 수 있습니다.

Vincent Van Gogh, Almond Blossoms, 1890

큰 행복 1개보다 작은 행복 10개가 낫다

큰 행복 한 번보다는 작은 행복 여러 번이 훨씬 중요합니다. 작은 행복을 자주 느끼는 사람이 훨씬 오래 생존한다고도 하죠.

"행복은 기쁨의 강도가 아니라 빈도다."

주관적 안녕감이라는 이름 아래 행복 연구를 주도한 심리학자 에드 디너 교수가 강조하는 행복의 법칙입니다.

100점짜리 행복을 열흘에 한 번 느끼는 사람과 10점짜리 행복으로 매일매일 누리는 사람이 있습니다. 누가 더 행복할까요? 행복의 총합은 둘 다 100점이니 둘 다 똑같이 행복할까요? 연구에 따르면 총합은 같아도 10점짜리 행복을 매일매일 느끼는 사람이 훨씬 더 건강하게 오래 살았습니다.

행복의 크기가 한 번 크게 올라갔다가 쑤욱 내려오면 행복의 크기가 크더라도 빈도는 한 번입니다. 그런데 좀 방정맞아 보이지만 여러 번 올라갔다 내려갔다를 수없이 반복하면 어떨까요? 행복이 많아지는 거예요. 행복을 자주 느끼는 거죠. 이런 경우가 사람에게 훨씬 좋은 영향을 줍니다.

DATE . .

행복한 사람은 창의적이다

행복에 관련된 연구를 하다 보니 인간관계도 행복에 중요한 영향을 끼치는 걸 알게 되었습니다. '나한테 큰 것을 주지 못하더라도 작은 것을 기꺼이 줄 수 있는 친구들이 주위에 있는 것, 주변 인간관계가 매우 중요하다는 것'을 깨닫게 된 것입니다.

더 깜짝 놀랄 만한 사실은 행복과 창의성이 연결되어 있다는 것이었습니다. 주변에 작은 행복을 주는 사람들은 창의적으로 살고 이 세상을 바꿀 만한 아이디어를 냈습니다.

관계주의가 강한 우리나라 사람들은 "창의적인 것 좀 갖고 와 봐." 이러면 못 가져오는데 "네 주변에 있는 사람들을 좀 도와줘."라고 하면 그때 어마어마하게 창의적으로 변합니다.

이렇게 남을 돕는 것, 이타성이 창의성을 발현시키는 요소가 됩니다. 이타성은 자기 중심에서 벗어나서 다른 사람의 입장이 되어 어떤 일에 참여할 여지를 찾으려는 노력입니다. 다른 사람의 입장에서 문제를 해결해보려고 접근 방식을 바꾸게 되는 과정에서 창의적인 능력이 길러지게 되는 거죠. 그래서 이타적인 사람, 다른 사람에게 행복을 줄 수 있는 사람이 더 창의적인 겁니다.

DATE . .

❝

다른 사람의 입장에서 문제를 해결해보려고
접근 방식을 바꾸게 되는 과정에서
창의적인 능력이 길러집니다.

❞

Vincent Van Gogh, Autumn Landscape, 1885

행복한 사람은 이타적이다

이타성을 가지고 다른 사람들을 도와주면 지금은 손해를 보겠지만, 언젠가는 나와 관계를 맺고 있는 사람들이 나에게 '사소한 하나'를 주게 되어 있습니다. 그러면서 나의 행복의 빈도가 높아지겠죠. 내가 어떤 새로운 아이디어를 내고 있지 못할 때 가볍게 훈수를 두고 가기도 합니다. 그 사람한테는 큰 게 아니지만 나는 행복의 빈도가 높아질 겁니다.

여러 심리학 연구를 살펴보면, 행복한 사람은 이타적인 행동을 많이 한다고 합니다. 행복한 사람은 다른 사람에게 훨씬 더 친절하게 행동하는 경향이 높고, 많은 시간과 돈을 투자해서 다른 사람을 돕는다고 해요. 그렇게 도움을 받은 사람은 행복해지고, 그 행복해진 사람이 다시 다른 사람을 도우면서 이타성과 행복의 순환고리가 만들어집니다.

나의 인간관계 안에 있는 사람들 중엔 나를 힘들게 하는 사람도 있고 나를 경쟁자로 보는 사람도 분명 있을 거예요. 그런데 이렇게 한번 생각해보는 건 어떨까요? 언젠가 나를 도와줄 수 있는 사람, 나에게 작은 행복 하나를 가져다줄 수 있는 사람이라고요.

DATE   .   .

혹은 내가 먼저 다른 사람을 도와주면 어떨까요? 나의 작은 이 타적인 행동이 복잡한 인간관계 문제를 풀어줄 실마리가 될 수 도 있습니다.

DATE   .   .

지혜로운
인간생활
LECTURE 5

불안을 이기는 기술

　인간의 삶에는 우울과 불안이라는 두 그림자가 늘 함께 합니다. 이 두 감정은 결코 낯선 것도, 이상한 것도 아닙니다. 오히려 우리 마음이 신호를 보내는 자연스러운 방식이죠. 우리 뇌 속에 있는 에너지의 상태로 보면 이 둘을 아주 명쾌하게 구별할 수 있습니다.

　우울은 말 그대로 에너지가 바닥까지 떨어진 상태입니다. 마치 땅이 메말라 모든 생명 활동이 멈춘 '가뭄'과 같죠. 몸이 천근만근 무겁고, 뭘 시작할 의욕 자체가 사라집니다. 움직일 힘이 없어 아무것도 하지 못하고 멈춰 서게 됩니다.

반면에 불안은 에너지가 없는 상태가 아닙니다. 오히려 에너지가 과하게 존재하는데, 그 에너지가 어디로 튈지 모른 채 요동치는 상태입니다. 마치 바다에 거대한 파도가 일어 배가 좌초될 위험에 처한 '풍랑'과 같죠. 온몸이 긴장하고 심장이 뛰며, 곧 닥쳐올 불확실한 위험에 대비해 온 신경이 곤두서는 상태입니다. 우울이 '침체'라면 불안은 '과잉된 경계'인 셈입니다.

우리가 불안을 싫어하는 이유

심리학은 불안이라는 주제 없이는 한 발짝도 나아갈 수 없는 학문입니다. 그만큼 불안은 인간의 존재와 행동 양식에 깊숙이 뿌리내리고 있습니다. 그런데 왜 우리는 이 불안을 그토록 싫어할까요?

불안은 그 자체로 고통스럽기도 하지만, 더 큰 문제는 다른 부정적인 감정의 고통을 극대화시킨다는 데 있습니다. 불안한 상태에서 무언가로부터 육체적인 고통을 경험하면 평소보다 훨씬 더 아프게 느껴집니다. 외로움을 느낄 때도 마찬가지입니다. 불안이 극대화된 상태의 외로움은 마치 이 지구상에 나 홀로 남겨진 것 같은 극심한 고통으로 다가옵니다. 할 일이 없어 심심할 때조차도 불안은 우리를 어찌할 바 모르게 만들죠. 불안은 그 이후에 겪는 모든 안 좋은 감정들로부터 느껴지는 고통을 증폭시키는 역할을 합니다.

불안 증폭의 조건: 불확실성과 모호성

인간이 가장 싫어하는 것은 바로 이 불안이 극대화되는 상황입니다. 그 상황이 무엇일까요? 바로 불확실하고 모호한 상황입니다. 우리 뇌는 본질적으로 확실하고 구체적인 것을 선호하도록 설계되어 있습니다. '언제, 어디서, 어떻게'라는 질문에 명쾌하게 답할 수 있을 때 뇌는 비로소 안정을 찾습니다.

예를 들어, 스트레스 연구의 대가인 한스 셀리에(Hans Selye)는 스트레스 요인(Stressor)이 모호하고 예측 불가능할 때 신체가 더 심각한 일반 적응 증후군(General Adaptation Syndrome, GAS) 단계를 겪으며 소진된다는 것을 밝혔습니다. 불확실성 자체가 뇌를 '경계 태세'에서 해제하지 못하게 만들어 만성적인 스트레스를 유발하는 겁니다. 이처럼 명확한 목표나 종료 시점이 없는 불확실성은 불안의 '양분'이 되어 우리를 끊임없이 괴롭힙니다.

불안이라는 약

그런데 불안이 꼭 나쁜 것만은 아닙니다. 우리는 불안을 잘 사용해야만 하는 존재라는 것을 명심해야 합니다. 실제로 우리 인간은 적정한 수준의 불안이 있어야만 움직이는 생명체입니다.

이와 관련하여 심리학에는 매우 유명한 법칙이 있습니다. 바로 예르크스-도슨 법칙(Yerkes-Dodson Law)입니다. 이는 1908년 심리학자 로버트 예르크스와 존 도슨이 쥐 실험을 통해 발견한 원리로, 적정 수준의 각성(긴장 또는 불안)은 수행 능력을 최고조로 끌어올린다는 것을 보여줍니다.

이 법칙에 따르면, 우리가 느끼는 불안이나 긴장이 너무 낮으면 게으름을 피우게 되어 수행 능력이 떨어지고, 너무 높으면 압도당해 집중력을 잃고 수행 능력이 다시 급격히 떨어집니다. 가장 높은 성과를 내는 지점은 바로 '적정한 수준의 불안과 긴장'이 유지될 때라는 겁니다.

그러므로 우리가 적정한 양의 불안을 제때 느낀다는 것은, 곧 우리가 이 사회 속에서 의미 있고 필요한 존재가 되기 위해 할 일을 제대로 하고 살아가고 있다는 필수 조건이자 증거입니다. 불안은 우리를 움직이게 하고, 준비하게 만드는 원동력입니다.

적절한 불안을 유지해야 하는 또 하나의 이유는 동기 부여와 관련이 깊습니다. 목표 달성 이론(Goal Setting Theory)에 따르면, 목표가 너무 쉽거나 너무 어렵지 않고 약간의 긴장감을 유발할 때 동기가 가장 잘 발휘됩니다. 여기서의 약간의 긴장감이 바로 우리가 통제 가능한 적정한 불안의 영역입니다. 우리가 불안을 생산적으로 이용하는 존재가 되려면, 이 적정한 수준의 불안을 어떻게 유지할지가 관건입니다.

불안을 다스리는 기술

그렇다면 어떻게 해야 넘치지도, 부족하지도 않은 적정한 수준의 불안과 긴장을 일상적으로 유지할 수 있을까요? 핵심은 루틴을 만드는 데 있습니다.

방법은 아주 간단합니다. 어떤 일을 여러 번, 아주 작게 쪼개서 하는 겁니다. 여러분 중에 시험이나 중요한 면접, 발표를 앞두고 계신 분들이 있다면 주목하세요. 심리학자들이 늘 강조하는 말이 있습니다.

"100점짜리 행동 한 번보다 10점짜리 행동 열 번이 낫다."

이 말은 빈도의 힘을 강조하는 겁니다. 면접 준비를 한다면, 벼락치기로 대본을 통째로 외우려고 하지 마세요. 대신 간단한 자기소개만이라도 하루에 세 번씩 해보는 겁니다. 시험공부는 어려운 문제 하나를 완벽하게 풀기보다, 시험 범위를 조금씩, 아주 짧은 시간이라도 매일 반복해서 보는 겁니다.

우리의 뇌는 반복되는 패턴을 보면 이를 '위협이 없는 일상적인 행동'으로 인식하고 안정을 찾습니다. 습관 형성에 대한 신경과학적 연구에서도 이러한 반복의 힘이 드러납니다. 어떤 행동이 반복되면 뇌는 전두엽의 고차원적인 인지 자원을 소모하지 않고도, 기저핵을 중심으로 한 자동적인 루틴으로 그 행동을 처리합니다. 즉, 뇌는 이 행동이 '계속해야 되는 안전한 행동이구나.'라고 인식하고, 준비 상태는 유지하지만 과도한 불안(높은 각성 상태)은 만들지 않는 겁니다. 이러한 작은 행동을 통해 불확실성을 확실한 통제의 영역으로 끌어들이는 사람이 바로 '루틴이 잘 발달된 사람'입니다.

루틴의 치유력: 통제감의 재확립

제가 불안할 때마다 사용하는 소소한 루틴이 있습니다. 불안감이 밀려올 때, 저는 과감하게 '대청소' 같은 큰일을 벌이지 않아요. 왜냐하면 대청소는 그 범위가 너무 커서 중간에 포기하기 쉽고, 포기하는 순간 '나는 이것도 제대로 못 하는 무능한 사람'이라는 좌절감을 느끼게 해 불안을 더욱 극대화시키기 때문입니다.

대신 저는 동전 던지기를 합니다. 앞면이 나오면 컴퓨터 파일 폴더 한 개를 정리하고, 뒷면이 나오면 책상 서랍 하나를 정해서 정리합니다. 딱 하나만, 명확하게 끝낼 수 있는 범위를 설정하는 겁니다. 그 작은 행동을 완벽하게 해냈다는 경험을 통해 '내가 이렇게 잘 정돈하고 통제할 줄 아는 사람이구나.'라는 통제감을 되찾으며 스스로를 진정시키는 겁니다.

심리학자 앨버트 반두라(Albert Bandura)가 제시한 자기효능감 개념처럼, 작은 성공 경험의 반복은 '나는 할 수 있다.'는 믿음을 강화하고, 이는 불안을 극복할 수 있는 가장 강력한 무기가 됩니다.

그러니 여러분, 지금 불안하다면 "내가 왜 불안하지?"라는 질문으로 뇌를 더 괴롭히지 마세요. 대신 바로 루틴을 만들어보세요. 당장 오늘 할 수 있는 가장 작은 준비를 찾아서 여러 번 반복하세요. 작은 행동의 반복이 여러분의 거친 마음의 풍랑을 잠재우고, 삶의 에너지를 건설적인 방향으로 이끌어줄 겁니다.

내가 먼저 나를 인정해야 한다

인정욕구는 우리 인생에 큰 영향을 끼칩니다. 우리는 늘 인정받고 싶어하죠. 어떻게 해야 주변 사람들로부터 인정받을 수 있을지 고민합니다.

답은 간단합니다. 내가 먼저 나를 인정해야 남들도 나를 인정합니다. 너무 뻔한 말 같지만 내가 나를 인정할 수 있어야 합니다. 자기가 자기를 인정하지 못하고, 스스로를 별로라고 생각하는 사람들은 계속해서 무언가에 지나치게 집착하게 됩니다.

DATE . .

늘 인정받는 사람의 비밀

좋기도 하고 나쁘기도 한 '감정 기복의 평균 지점'이 높은 사람이 있고, 낮은 사람도 있어요.

우리는 이 중 어떤 사람을 더 쉽게 인정할까요? 스스로 어느 정도 괜찮다고 평가하는 사람을 인정합니다. 물론 너무 나르시시즘이 강한 사람은 오히려 다른 사람들이 인정을 안 하게 되죠. 스스로 그렇게 과시하고 있으니 남들이 인정해줄 틈이 없잖아요. 반면 자존감이 너무 낮아서, 자학적인 이야기, 부정적인 말만 하는 사람의 이야기를 들어주면 나도 같이 힘들어집니다. 스스로를 낮게 평가하는 사람을 인정하는 것도 어렵죠.

주변을 한번 돌아보세요. 우리가 인정하는 사람은 스스로를 인정하는 사람, 스스로 긍정적인 평가를 하는 사람입니다. 쉽게 말해 밝고 긍정적이고 낙관적인 사람이죠. 어떻게 하면 인정받을 수 있느냐고 묻는 것은 곧 어떻게 하면 밝고 긍정적이고 낙관적인 사람이 될 수 있는지 묻는 것과 같습니다.

DATE . .

우리가 인정하는 사람은
스스로를 인정하는 사람,
스스로 긍정적인 평가를 하는 사람입니다.

Vincent Van Gogh, Road with Cypress and Star, 1890

나 자신에게 감탄하기

인정받고 싶다는 건 남이 나에게 "우아, 대단해요. 멋져요. 최고예요."라는 말을 해주길 바란다는 뜻입니다. 인정 투쟁을 하는 사람들은 그저 남의 감탄을 듣기 위해 열심히 살고 있는 것이고, 인정받고 싶은 마음이 든다는 건 지금 나에게 다른 사람의 감탄이 필요하다는 뜻입니다.

내가 나를 존중해야 한다는 것도 마찬가지 맥락입니다. 내가 나에게 감탄할 수 있어야 해요. 내가 나 자신에게 감탄할 수 없으면 다른 사람도 나에게 감탄하지 않습니다. 나도 감탄하지 않으면서 어떻게 남에게 기대를 하겠어요? 나 자신에게 감탄하려면 어떻게 해야 할까요?

자신의 능력치가 올라가는 경우, 나에게 감탄할 수 있겠죠. 예전에는 못 쓰던 붓글씨를 잘 쓰게 되었다거나 피아노를 배워서 노래 한 곡을 연주할 수 있게 되는 등 본업과 무관한 문화활동을 하면서 성장하는 경험을 해보는 겁니다. 글쓰기든 음악이든 미술이든 스포츠든 취미 활동을 하면서 성취 경험을 하는 것이 나 자신에게 감탄할 수 있는 가장 쉽고 좋은 방법입니다.

DATE   .   .

한 번도 춤추지 않은 날은 잃어버린 날

자존감이 적절하게 높은 사람들의 특징은 자기만의 문화 활동을 한다는 것입니다. 비싼 티켓을 사서 오페라나 뮤지컬을 관람하는 것도 좋지만 자신이 직접 참여하는 문화적 행동이 있을 때 자존감이 더 높아집니다. 직접 글을 쓰고 노래를 작곡하고 그림을 그리고 춤을 추는 겁니다. 철학자 니체는 이렇게 말했습니다.

"한 번도 춤추지 않은 날은 잃어버린 날이라고 생각하는 것이 좋다."

위대한 철학자, 머릿속으로 엄청난 생각을 해왔을 니체는 자신의 본업인 철학과 아무 관련이 없는 춤을 추면서 스스로에게 감탄할 수 있었습니다. 춤을 매우 사랑한 니체는 알프스 산자락을 춤추며 다녔다고 합니다. 이처럼 일과 상관없는 체험에서 나 스스로에 대한 감탄을 만들어내야 내가 나를 인정할 수 있습니다. 이런 밑바탕이 있는 사람들이 사회에 나갔을 때 동료, 상사, 후배들은 본능적으로 느낍니다.

'아, 이 사람은 자존감이 있는 사람이구나.'

일과 상관없는 문화 활동에서 나에게 감탄해본 적이 있는 사람은 일을 할 때도 긍정적입니다. 문화 활동에서 얻은 감탄이라는

DATE . .

긍정적인 에너지가 일에 전염되어 일을 잘할 수 있는 좋은 영양분이 되니까요. 물론 남의 감탄을 받는 것도 의미 있는 일이지만 나 스스로에게 감탄해주고 내가 나를 먼저 인정해준다면 우리는 인정투쟁에서 조금 더 자유로워질 수 있습니다.

DATE . .

일과 상관없는 문화 활동에서
나에게 감탄해본 적이 있는 사람은
일을 할 때도 긍정적입니다.

나 스스로에게 감탄해주고
내가 나를 먼저 인정해준다면
인정투쟁에서 조금 더 자유로워질 수 있습니다.

Vincent Van Gogh, Two Cypresses, 1889

감각이 생각을 좌우한다

우리는 상사 앞에서 왠지 모르게 내 존재가 작아지는 것 같고 내 말과 행동이 다 틀릴 것 같은 기분이 들곤 합니다.

완벽한 방법은 아니지만 우리가 쉽게 시도해볼 수 있는 꽤 효과적인 방법을 알려드리려고 합니다. 상사 앞에서 작아지지 않고 당당해지는 방법이 있습니다.

나를 긴장시키는 사람(상사든 면접관이든)을 만나기 전에 나 자신을 '크게' 만들어보세요. 동물들이 포식자 앞에서 자기 몸을 부풀려 위협을 하듯이, 커다란 몸짓을 해보는 겁니다. 장난스럽고 원시적인 행동 같은가요? 하지만 이 행동에는 중요한 의미가 담겨 있습니다.

감각은 생각을 좌우합니다. 물리적 환경이 생각에 영향을 끼치므로 신체를 커다랗게 하면 자신감이 커집니다. 이를 '체화된 인지' 현상이라고 하지요.

DATE . .

웃으면 행복해진다

상사 앞에만 서면 긴장하고 두려운 마음이 드는 분들은 상사를 만나러 가기 전에 당당하고 거만한 자세를 취해보세요. 어깨를 펴고, 가슴을 넓히고, 호흡도 크게 하고, 목소리도 자신 있게 내봅니다. 이 사소한 변화가 호르몬을 바꿔서 자신감 있게 만들어줄 수 있습니다. 10~15분 동안 당당한 자세를 취하면, 어렵고 두려운 사람 앞에서 급격히 위축되는 현상을 적어도 초반부 1~2분 동안은 막을 수 있습니다. 초반에 밀리지 않으면 좀더 적극적으로 대화를 이끌어갈 수 있을 겁니다.

몸과 정신은 하나입니다. 그래서 몸의 방향으로 정신이 따라가고 싶어 합니다. '행복하니까 웃는다. 웃으니까 행복해진다.' 우리는 이런 말을 합니다. 이렇게 몸과 정신이 서로 영향을 끼칩니다. 적극적이고 힘 있는 자세를 취하고 나면 마음도 커지고 힘이 생길 겁니다.

DATE . .

지혜로운
인간생활
LECTURE 6

우울감에서 벗어나는 법

　우리가 주변 친구, 가족, 혹은 지인 중에서 우울감을 겪는 사람들을 어떻게 도와야 할까요? 우울감에 빠진 사람은 '시동이 걸리지 않는 자동차'와 같습니다.

　우울한 사람들은 에너지가 완전히 방전된 것이 아닙니다. 연료통에 기름은 있지만 왠지 모를 이유로 시동(動機, Motivation)이 걸리지 않는 상태입니다. 시동을 걸 때, 우리는 횃불을 들고 오거나 거대한 전력을 한 번에 쏟아붓나요? 아니죠. 정확하고 섬세한 작은 스파크면 충분합니다. 우리가 우울한 이에게 줄 수 있는 도움은 바로 이 최소한의 자극이라고 생각하시면 됩니다.

돕는 자가 빠지기 쉬운 함정

우울한 사람을 도울 때, 우리는 종종 좋은 의도로 인해 오히려 심리적 압박을 가하는 실수를 저지릅니다. 이것이 바로 '거대한 떡볶이의 역설'입니다.

예를 들어, 친구가 최근 우울감에 빠져 있다고 가정해봅시다. 그 친구가 떡볶이를 가장 좋아했다는 사실을 기억해내고 떡볶이를 넘치도록 푸짐하게 사다준다거나 떡볶이 뷔페에 데려간다면 어떻게 될까요?

압도감과 회피

그 친구는 엄청난 양을 보고 오히려 압도감을 느낍니다. 뇌는 이 거대한 양을 처리해야 하는 것을 또 하나의 무거운 과업으로 인식하고, 에너지가 없는 상태에서 이 과업을 회피하려 합니다.

좌절감의 심화

친구는 이렇게 생각할 수 있습니다. "내가 이제 그렇게 좋아하던 떡볶이마저 싫어하게 됐구나. 나는 이제 뭘 해도 즐거움을 느낄 수 없는 무능한 사람이야." 이처럼 자신이 즐거움을 느낄 능력을 상실했다는 자각은 더 큰 좌절감을 느끼게 합니다. 이는 무쾌감증(Anhedonia)을 겪는 우울한 사람에게 극심한 심리적 역효과를 초래합니다.

종이컵 떡볶이 전략

우리가 할 일은 강도를 낮추고, 규모를 최소화하는 것입니다. 우울한 상태에 있는 누군가에게 필요한 것은 때로 특별한 조언이나 거창한 위로가 아니라, 작고 실현 가능한 행동입니다.

예를 들어, 아주 적은 양의 떡볶이를 조용히 건네는 일. 받는 사람은 당황하거나 어이없다는 반응을 보일 수 있습니다. 그러나 이 감정은 무감각한 상태에서는 나타나기 어렵습니다. 현실에 대한 감각이 일정 부분 회복되었음을 의미합니다.

그리고 그가 떡볶이를 한 입이라도 먹게 된다면 그것은 행동의 시작입니다. 우울은 거의 모든 활동을 멈추게 하지만, 작고 단순한 행동을 완수하는 경험은 다시 움직일 수 있는 계기가 됩니다. 이는 '행동이 감정을 이끈다'는 행동 활성화 이론(Behavioral Activation)과도 연결됩니다.

떡볶이를 먹는 짧은 순간, 뇌는 작게나마 '무언가를 했다'는 신호를 인식합니다. 그렇게 우울의 흐름에서 벗어날 수 있는 여지가 생깁니다. 중요한 것은 크기나 내용이 아니라 움직임 그 자체입니다.

스스로 우울의 고리를 끊는 법: 자기 효능감과 루틴

타인을 도울 때처럼, 스스로 우울에서 빠져나오고 싶을 때도 강도보다는 빈도에 집중하는 것이 좋습니다. 거창한 의욕을 기다리기보다는 의욕을 만들어야 할 때라고 인식의 방향을 틀어야 합니다.

자기 효능감과 작은 성공

우울을 이겨내는 심리적 핵심은 자기 효능감의 회복입니다. 심리학자 앨버트 반두라에 따르면 자기 효능감은 '나는 이 과제를 성공적으로 수행할 수 있다'는 개인의 믿음인데 이는 성공적인 수행 경험의 반복을 통해 강화됩니다.

◆ 실천: 나를 살짝 움직이게 만드는 작은 일을 자주 할 때마다 기록하는 것이 좋습니다. 자신이 우울할 때 무엇을 해야 좁은 틈이 생기는지를 찾아야 합니다. 누구는 설거지 한 개를, 누구는 스쿼트 다섯 개를, 또 다른 누구는 손 안에 호두를 굴리는 단순한 리듬 운동을 합니다.

◆ 루틴의 역할: 이처럼 명확하게 완수할 수 있는 범위를 설정하고 이를 루틴으로 만드는 것이 중요합니다. 이 루틴은 우울의 불확실성을 확실한 통제의 영역으로 끌어들이고, '나는 무언가를 해낼 수 있다'는 작은 성공 경험을 누적시켜 자기 효능감을 재건합니다.

운동 최소화 전략

운동을 할 때도 거창하게 피트니스센터에 갈 필요 없습니다. 우울한 상태에서 전신 운동을 계획하는 것은 실패할 가능성이 높고, 실패는 곧 좌절감을 낳습니다. 대신, 사소한 마사지나 심지어 묵찌빠 동작처럼 근육에 작은 긴장을 주는 방법도 효과적입니다. 근육에 가해지는 최소한의 자극은 뇌에 행동이 시작되었다는 신호를 보내 정체된 에너지의 흐름을 아주 조금이나마 바꿔줍니다.

학습된 무기력 vs. 성장 마인드셋

우울감에 빠진 사람에게, 그리고 자기 자신에게도 절대 하지 말아야 할 최악의 말이 있습니다. 바로 "내가 그럴 줄 알았어."입니다. 그 순간 느끼는 감정은 더 이상 이해나 위로의 대상이 아니라, 과거의 잘못된 선택이나 부족함에 대한 '증거'처럼 느껴지죠. 특히 우울한 상태에서는 자책과 무력감이 극대화되기 때문에, 이 한마디는 자존감을 뿌리째 흔들고 회복의 의지를 꺾을 수 있습니다.

이러한 언어는 심리학자 마틴 셀리그만(Martin Seligman)이 밝혀낸 학습된 무기력(Learned Helplessness)을 심화시킵니다. 학습된 무기력은 통제할 수 없는 부정적 상황에 반복적으로 노출되면, 이후 통제 가능한 상황이 되어도 스스로 노력하지 않게 되는 현상입니다. "내가 그럴 줄 알았다."는 말은 이 무기력의 늪을 더욱 깊게 만듭니다.

대신, 우리는 "진짜 이럴 줄은 몰랐어." "꿈에도 생각 못했네!" 하고 흔쾌히 놀라주어야 합니다. 이렇게 놀라주면,

뇌는 이 상황을 '운명'이 아닌 '예상치 못한 실패'로 받아들입니다. 이로 인해 뇌는 '교훈을 새기고' 다음에 이런 안 좋은 상황이 또 일어나지 않도록 노력할 동기를 갖게 됩니다. 이는 캐럴 드웩(Carol Dweck) 교수가 제시한 성장 마인드셋(Growth Mindset)을 촉진하는 언어습관입니다. 외부 통제(운명) 대신 내부 통제(학습)에 초점을 맞추게 하여 '학습하는 뇌'로 기능을 전환시키는 것이죠.

우울과 불안은 장점의 그림자

지금 우울하거나 불안한 상태에 있는 분들에게 이 말씀을 꼭 전하고 싶습니다. 여러분의 우울과 불안은 상당 부분 여러분의 뛰어난 장점 때문에 생긴 것입니다.

우울하거나 불안하다는 것은 절대 여러분이 부족하거나 못나서가 아닙니다. 오히려 여러분의 뛰어난 역량과 높은 가치 기준이 현실의 불완전한 상황과 충돌하면서 생긴 그림자일 수 있습니다. 심리학에서는 이를 '강점의 어두운 면(Dark Side of Strengths)'이라고 부릅니다.

◆ 창의적인 사람(높은 개방성): 창의적인 사람들은 늘 일반적

인 의견과 다른 새로운 시각을 제시합니다. 이 뛰어난 개방성 덕분에 환호를 받지만, 동시에 '남들과 다르다'는 이유로 단절감과 고독을 느낍니다. 창의성이라는 장점의 부산물로 외로움을 얻는 것이죠.

◆ 외향적인 사람(높은 외향성): 외향적인 사람은 사람들을 만나고 에너지를 얻지만, 이 장점 때문에 혼자만의 시간을 갖지 못한다고 힘들어합니다. 끊임없이 타인을 배려하고 관계를 유지하려는 노력이 과도한 에너지 소모를 일으켜 탈진을 유발합니다.

◆ 책임감이 강한 사람(높은 성실성): 완벽주의 성향이 있는 성실한 사람들은 항상 일을 완벽하게 처리해야 한다는 강박 때문에 과도한 불안에 시달립니다. 이 불안은 "혹시 실수하지 않을까?"라는 뛰어난 예측 능력과 책임감의 어두운 면인 셈입니다.

그러니 '내가 왜 이렇게 우울할까? 왜 이렇게 불안해할까?' 하고 고민하고 좌절하기보다는, 이 기회에 나의 역량과 장점이 무엇인지 발견해보시길 바랍니다. 지금의 우울감이나 불안은 여러분의 삶이 더 나은 방향으로 가기 위해 '이 장점을 어떻게 건강하게 관리할 것인가?'라는 질문을 던지고 있는 신호일 수 있습니다. 여전히 우리에게는 거기에서 빠져나올 수 있는 작은 방법들과 뛰어난 장점들이 있다는 사실을 잊지 마시길 바랍니다.

Vincent Van Gogh, Self-Portrait, 1989

Vincent Van Gogh, Vincent Van Gogh, Farmhouse in Provence, 1888

마음을 전달하려면

마음은 몸과 크게 다르지 않습니다. 하지만 몸은 만질 수 있고 볼 수 있는데, 마음은 만질 수 없고 볼 수 없습니다. 그래서 마음을 '물질'로 만들면 진심을 전달하는 데 효과가 있어요.

내가 어떤 사람과 친해지지 못하고, 어떤 무리에 어울리지 못하고, 더 친해지고 싶은데 대화에도 끼지 못한다면 더 가까워져야 문제가 해결되겠지요. '가깝다'는 느낌을 너무 추상적이고 복잡하게 생각하지 말고 물리적으로 생각해볼까요? 물리적으로 가까워지는 거예요.

최근 여러 과학 연구에서도 포옹이나 악수 같은 신체 접촉이 몸과 마음의 선상에 도움이 된다는 사실이 증명되고 있습니다. 무언가 만져지는 것이 인간의 마음에 큰 영향을 끼칩니다. 물질 하나로 상대와 나 사이에 벽이 사라질 수도 있습니다.

만져줘야 해요. 만져지지 않는 걸로는 사람과 소통하기가 어렵습니다. 가까워지고 싶은 사람을 위해서 작은 선물을 놔두세요. 비싸지 않아도 돼요. 그 사람의 마음을 상징하는 어떤 물질을 만지는 건 손을 만지는 것과 비슷한 효과가 있어요. 좀더 사람들과 가까워지고 싶다면, 조금이라도 더 용기를 내서 그 친구들에게 커

DATE . .

피 한 잔을 놓든 캐러멜 하나를 놓든 박카스를 놓든 작은 물질을 나눠보세요. 그 물질을 만짐으로 인해 더 가까워졌다는 느낌을 받을 겁니다.

> 가까워지고 싶은 사람을 위해서
> 작은 선물을 놔두세요. 비싸지 않아도 돼요.
> 그 사람의 마음을 상징하는 어떤 물질을 만지는 건
> 손을 만지는 것과 비슷한 효과가 있어요.

Vincent Van Gogh, Sprig of Flowering Almond in a Glass, 1888

따뜻한 마음에 위로받은 날

저는 스트레스가 많고 너무 힘들었던 날, 누군가 말없이 토닥토닥해주기만 했는데도 위안을 느낄 때가 있었습니다. 신체 접촉의 효과는 우리가 상상하는 것보다 커서, 엄마가 안아주고 친구가 토닥토닥해주는 것만으로 불안한 감정이 해소됩니다. 슬픔이, 고통이, 불안감이 잦아듭니다. 어렸을 때 배가 아프다고 하면 엄마가 따뜻한 손으로 배를 문질러주며 '엄마 손은 약손. 배 아프지 마라.' 하며 노래를 불러주셨던 경험 있으신가요? 엄마의 따뜻한 스킨십이 고통을 사라지게 하는 효과가 실제로 있다는 겁니다.

꼭 신체 접촉이 아니라 따뜻한 말만으로도 나에 대한 따뜻한 마음이 느껴져서 위로를 받을 때도 있습니다. 우리가 코로나19 팬데믹을 겪는 동안에는 대면과 접촉이 힘들었기 때문에 물질로 마음을 표현하기도 했습니다. 택배기사님을 위해 감사의 편지나 간단한 간식을 마련해놓는 풍경을 여러 곳에서 볼 수 있었는데요. 우리는 그런 미담을 들으면 가슴이 따뜻해지면서 감성의 온도가 올라갑니다. 실제로 만나고 접촉한 건 아니지만 그 물질을 통해 충분히 마음이 느껴졌기 때문입니다.

마음을 대신한 어떤 것이 나의 마음을 건드리고 만져주었던 것

DATE   .   .

이죠. 연애를 한다면 전화나 문자로만 이야기할 게 아니라 직접 만나서 내가 사랑하는 사람의 손을 잡고 안아주어야겠죠. 스킨십이 중요한 역할을 합니다.

사람의 뇌를 햅틱, 즉 촉감의 뇌라고 합니다. 인간은 촉감을 통해서 서로 더 가깝게 느낍니다. 부모자식 사이 또는 연인 사이에 더 많은 애정과 애착을 형성하는 것 역시 서로의 피부를 접촉하고 이를 느끼기 때문입니다.

신체 접촉의 효과는
우리가 상상하는 것보다 커서,
엄마가 안아주고
친구가 토닥토닥해주는 것만으로
불안한 감정이 해소됩니다.
슬픔이, 고통이, 불안감이 잦아듭니다.

Vincent Van Gogh, The Man is at Sea (After Demont-Breton), 1889

나를 무시하는 사람

'무시받았다'는 느낌이 들면 기분이 나쁘죠. 당연합니다. 어떤 상황에서 문득 가끔 느끼는 것도 힘든데, 이런 느낌이 일관되게 계속된다면 너무 괴롭고 고통스럽겠죠.

일단 나를 무시하는 그 상대방, 버릴 건지 말 건지 결정하면 고민이 조금 가벼워집니다. 늘 나를 무시하는 사람이지만 직장생활이나 사회생활에 필요하긴 해서 관계를 계속 유지해야 하는지, 필요한 존재이긴 하지만 그럼에도 불구하고 끊어내야 하는지를 생각해보자는 겁니다. 관계를 유지해야 한다면 어떻게든 이 갈등을 극복하는 험난한 과정을 거쳐야 하고요. 그렇지 않다면 내 마음에서 깨끗하게 지우면 됩니다.

그런데 관계를 정리하기 전에 '무시당하고 있다는 느낌'이 혹시 내가 그 사람의 행동을 오해한 것인지, 정말 그 사람이 나를 무시하는 것인지를 확인해야 합니다.

다음 3가지 테스트를 해보세요. 도와달라고 해보고, 그 사람의 성격 자체가 문제라기보다 사회적 기술이 부족해서 그런 언행이 나타나는 건 아닌지 먼저 살펴보고, 거절을 해보세요. 그러면 나를 무시하는 사람인지 아닌지 알 수 있어요. 그리고 정말 나를 무

DATE   .   .

시하는 사람이라는 결론을 내렸다면 당장 관계를 끊는 용기를 내십시오.

하지만 이 세 가지 테스트를 했는데 상대방이 나를 무시하는 사람이 아니라는 결과가 나온다면 그때는 나를 한번 돌아보시길 바랍니다. 나에게도 책임이 있을지 몰라요. 내 말과 행동을 한번 점검해보고 상대에게 조금 더 기회를 주는 것도 방법일 겁니다.

DATE   .   .

> 그 사람이 정말 나를 무시하는 사람이라는
> 결론을 내렸다면
> 당장 관계를 끊는 용기를 내십시오.

Vincent Van Gogh, Portrait of Armand Roulin, 1888

거절을 거절하는 소시오패스

소시오패스의 또 하나의 큰 특징은 거절을 거절하는 걸 잘한다는 겁니다. 소시오패스에게 당하는 사람들도 중간쯤엔 알아챕니다. 당하는 사람도 바보가 아니에요. 그래서 한 번 거절을 합니다. 이때 소시오패스들은 영화 〈슈렉〉에 나오는 '장화 신은 고양이'처럼 애처로워 보이면서도 동정에 호소하는 표정을 짓습니다. 내가 어렵게 거절했는데 갑자기 피해자 코스프레를 하면서 연민에 호소합니다. 동정심을 불러일으키거나 죄책감을 느끼게 하면서 책임을 물어요. 그런데 그건 내 거절을 무시하는 행동입니다.

거절해보셔야 해요. 나를 무시한 사람에게 거절을 한 번도 해보시 않은 상태에서는 그가 소시오패스인지 아닌지 알 방법이 없어요. 진짜 나를 무시하는 사람인지는 그 사람이 나에게 어떤 부탁이나 제안을 했을 때 거절을 해봐야 알 수 있어요. 거절했는데도 계속 무시하고 나한테 계속해서 부탁이나 요구를 한다면, 진짜 나를 무시하는 거 맞습니다. 그때 거절의 용기가 필요합니다. 진짜 나를 무시하는 인간인지 알아보기 위한 중요한 도구가 되거든요.

DATE . .

아는 것이 힘 vs. 아는 것이 병

"많이 아는 것이 중요하다. 아는 것이 힘이다."

지식의 힘을 강조하던 때가 있었습니다. 그런데 20세기에 만들어진 이 말이 사실은 19세기까지 이어져왔던 속담 하나와 충돌합니다.

"아는 것이 병이다."

'아는 것이 힘'이라고 했다가 '아는 것이 병'이라고도 하는데, 도대체 어떻게 해야 이 두 명제가 조화를 이룰 수 있을까요? 사람들은 또 이렇게 얘기하기도 하지요.

"아는 것과 아는 것을 쓰는 것은 별개의 문제다."

이 말은 결정과 식섭적으로 연관되어 있습니다. 많이 아는 사람이 있습니다. 그는 많이 아는 걸 사용해서 무언가를 합니다. 그게 결정이지요. 그런데 많이 안다고 해서 좋은 결정을 하는 건 아닙니다. 우리는 많은 경우에 내 의지대로 판단하고 결정을 내리고 있다고 생각하지만, 이렇게 자기도 모르는 사이에 결정이 내려지는 경우가 꽤 많습니다.

20세기의 학자들은 인간이 생각을 해서 판단을 내리면 그 판단대로 우리가 결정하고 행동한다고 생각했습니다. 이것이 20세기

DATE   .   .

까지 우리가 인간에 대해 가지고 있던 착각이었습니다. 우리는 생각한 대로 행동하지 않는 경우가 무척 많거든요.

그런데 21세기를 전후로 심리학자들이 연구를 해보니 '결정이 정서에 의해 이루어진다'는 점을 발견했습니다. 정서의 힘이 위대하다는 것을 지금껏 너무나 모르고 있었다는 거죠.

지혜로운
인간생활
LECTURE 7

사랑의 심리학

우리를 정말 행복하게 만드는 관계가 있는가 하면, 때로는 사회에서 만난 그 어떤 사람들보다도 우리를 더 불행하게 만드는 관계가 있습니다. 바로 가장 가까운 관계, 연인, 부부, 그리고 가족이죠.

우리가 가족이라고 부르는 사람들은 대개 혈연관계, 즉 유전적 형질을 공유한 사람들입니다. 그런데 참 재미있게도, 혈연관계가 아님에도 가족의 범주에 들어가는, 어쩌면 때로는 혈연보다 더 중요하다고 할 수 있는 사람이 바로 배우자(부부)입니다. 부부가 되기 위한 과정을 우리는 연인 관계라고 부르죠. 물론 모든 연인이 결혼을 지향하는 것은 아니지만, 사랑하는 사람과의 관계가 깊어진다면 자연스레 '가족'이라는 범주를 떠올리게 됩니다.

이것이 무슨 이야기일까요? 서로 완전히 다른 두 사람이 만나 너무나도 가까운 관계가 된다는 것입니다. 사실 지금 이 순간 단 한 번의 결심으로도 완전히 남이 될 수도 있는 근원적인 불안정성을 내포한 관계이기도 합니다. 그래서 이 관계는 참으로 쉽지 않습니다. 배우자, 파트너의 마음과 우리 관계의 역동성을 이해하기 위해, 우리는 인간관계의 기본 설계도라고 할 수 있는 애착 유형(Attachment Style) 개념을 반드시 이해해야 합니다.

저는 '애착'을 기본적으로 '누군가와 공존하고 싶은 강렬한 소망'이라고 말씀드립니다. 이 애착 유형은 영국의 정신과 의사이자 심리학자인 존 보울비(John Bowlby)가 창시하고, 그의 제자 메리 에인스워스(Mary Ainsworth)가 '낯선 상황 실험(Strange Situation Test)'을 통해 구체화한 개념으로, 어린 시절 주 양육자와의 상호작용을 통해 형성되며 성인기의 모든 인간관계 패턴의 기본이 됩니다.

성인 애착 유형

대부분의 심리학자들은 성인 애착 유형을 크게 네 가지로 분류합니다. 이 분류의 핵심은 바로 '자기 자신과 타인을 바라보는 시선의 차이'입니다.

애착 유형을 설명하는 두 축은 다음과 같습니다.

- ◆ 자기 모델(Self-Model): 자기 자신을 긍정적으로 보는지(자기 긍정) 부정적으로 보는지(자기 부정).
- ◆ 타인 모델(Other-Model): 타인을 긍정적으로 보는지(타인 긍정) 부정적으로 보는지(타인 부정).

안정형: 자기 긍정 / 타인 긍정

안정형은 자기 자신과 타인을 모두 긍정적으로 보고 신뢰하는 사람들입니다. 이들은 관계에서 편안함과 안정감을 느끼며, 문제가 생겼을 때 솔직하게 자신의 필요를 표현하고 상대방의 요구에도 귀 기울입니다.

기본적으로 타인과의 관계 형성에 가장 유리합니다. 이들은 적절한 독립성과 친밀감을 동시에 유지할 줄 알기 때문에, 다른 사람들이 안정형을 대하는 것도 어렵지 않습니다. 연구에 따르면, 안정형 애착을 가진 사람들은 관계 만족도가 가장 높고, 갈등 상황에서도 건설적인 대처 방식을 사용합니다.

회피형: 자기 긍정 / 타인 부정

회피형은 자신은 믿지만 타인은 믿지 않는 유형입니다. 이들은 오로지 믿을 건 '나밖에 없다'고 생각하며, 지나친 친밀감이나 의존성을 불편해합니다. 자신의 감정을 억누르는 경향이 강하며, 정서적 교류를 피합니다.

연애를 하더라도 깊은 관계로 나아가는 것을 두려워하며 '썸'만 타다가 끝나는 경우가 많습니다. 이별할 때도 상대방과의 정서적 대면을 피하는 이른바 '잠수 이별'을 하는 사람들이 흔합니다. 심리학자 신디 해잔(Cindy Hazan)과 필립 셰이퍼(Phillip Shaver)의 연구는 이들이 독립성을 지나치게 강조하며, 필요할 때 도움을 요청하는 것을 약점으로 간주하는 경향이 있음을 보여줍니다.

불안형: 자기 부정 / 타인 긍정

불안형은 자기는 잘 믿지 못하지만, 타인을 매우 긍정적이고 의존할 수 있는 존재로 믿는 유형입니다. 이들은 낮은 자존감 때문에 관계에서 버려질까 봐 극심하게 불안해하며, 끊임없이 상대방의 애정과 확인을 갈구합니다.

당연히 상대방에게 과도하게 올인하게 됩니다. 그러면서도 늘 버려질까 봐 불안해하기 때문에, 매우 혼란스럽고 폭풍 같은, 마치 영화 같은 사랑을 하는 경우가 많습니다. 불안형인 사람들은 아이러니하게도 안정을 못 견뎌합니다. 연애하면서 아무 문제 없이 평온한 날을 오히려 '상대방이 나에게 관심이 없어진 건 아닐까?'라는 생각 때문에 더 힘들어해요. 이들은 관계의 문제가 없으면 스스로 문제를 만들어서라도 정서적 긴장 상태를 유지하려는 경향을 보입니다.

혼란형: 자기 부정 / 타인 부정

혼란형은 자신과 타인 모두를 부정적으로 바라봅니다. 이 유형은 어린 시절 단순한 방임이나 무관심 정도의 문제가 아닌, 정신적·신체적 학대를 경험한 경우에 주로 형성됩니다.

학대받은 경험은 아이에게 '나는 학대받을 만한 사람이야'라는 자기 부정(수치심)을 심어줍니다. 동시에 '나에게 이런 고통을 주는 타인(주 양육자)은 위험하고 사라져야 할 존재'라는 타인 부정적 시각도 갖게 됩니다. 이처럼 가장 가까운 사람에게서 '위협'과 '안전'이라는 상반된 감정을 동시에 학습했기 때문에, 관계 속에서 접근과 회피라는 모순된 행동을 보이며 극심한 혼란을 겪습니다. 이들은 애착 유형이라기보다는 애착이 없는 유형이라고 보는 것이 더 정확할 수도 있습니다. 이런 분들과 가까운 관계를 맺을수록 관계가 최악으로 치달을 가능성이 큽니다.

불안형과 회피형의 운명적 만남

불안형과 회피형은 아이러니하게도 가장 흔하게 만나는 커플 조합입니다. 한쪽은 끊임없이 도망가고(회피형), 다른 한쪽은 끊임없이 쫓아가는(불안형) 역동적인 관계가 반복되죠. 심리학적으로 이 조합을 '추구-거리두기(Pursuer-Distancer)' 패턴이라고 부르며, 서로의 불안을 강화시키는 최악의 조합이 될 수 있습니다.

- 회피형의 시각: 상대방이 가까이 다가오면 질식감을 느끼고, 자신의 독립성이 침해당한다고 여겨 거리를 두려 합니다.
- 불안형의 시각: 상대방이 거리를 두면 버려질까 봐 불안해져, 더욱 집착하며 쫓아갑니다.

이 패턴은 각자의 애착 욕구를 역설적으로 만족시킵니다. 회피형은 도망감으로써 '역시 타인은 믿을 수 없고, 나는 독립적이야.'라는 자기 긍정을 강화합니다. 불안형은 쫓아가는 행위 자체에서 '나는 사랑받을 자격이 없지만, 노력하고 있어.'라는 자기 부정적 믿음을 재확인합니다. 결국 이들은 서로의 애착 상처를 자극하며 춤추는 사이인 셈이죠.

물론 학대 경험이 있는 모든 분들이 연애할 자격이 없다거나 좋은 부부가 될 수 없다는 무책임한 이야기는 절대 아닙니다. 애착 유형은 '운명'이 아니라 '경험'의 산물이기 때문에, 충분히 변화할 수 있습니다. 가장 중요한 해법은 바로 안정형(Secure) 파트너를 만나는 것입니다.

심리학자 해이즐튼 부부의 연구와 수많은 후속 연구는 이 사실을 강력하게 뒷받침합니다. 불안형이든 회피형이든, 심지어 혼란형이든 안정형인 사람을 만나 지속적인 관계를 맺으면, 그들의 애착 유형은 안정형으로 점진적으로 변화해나갑니다.

제 주위에도 어렸을 때 학대받은 아픈 기억(혼란형의 바탕)이 있는 분이 있었지만, 자기 긍정/타인 긍정의 시각을 가진 안정형 상대방을 만나 수십 년의 시간이 지난 지금은 건강한 부부 관계를 유지하며 스스로 안정형의 애착 유형으로 바뀌어 갔습니다.

안정형 파트너는 상대방에게 일관성 있는 정서적 지지와 예측 가능한 반응을 제공합니다. 이는 불안형에게는 버려지지 않을 것이라는 확신을, 회피형에게는 친밀감이 독립성을 침해하지 않을 것이라는 믿음을 줍니다.

안정형은 상대방의 부정적인 감정 표현(불안형의 집착, 회피형의 거리두기)을 개인적인 공격으로 받아들이지 않고, 애착 욕구의 표현으로 이해하고 수용합니다.

우리는 단순히 안정형인 사람을 만나는 것 뿐만 아니라, 자기 자신도 안정형이 되는 것을 목표로 삼아야 합니다. 이는 자기 자신과 상대방 모두에게 긍정적인 시각을 가질 수 있는 '관계의 성숙'을 의미합니다.

애착 유형을 이해하는 것은 우리가 본질적으로 불완전할 수밖에 없는 나와 상대방, 그리고 그 관계를 더 깊이 이해하고, 좀 더 나은, 발전적인 관계를 만들어가는 데 도움을 줍니다. 부디, 애착 유형으로 상대방을 낙인찍거나 문제점을 파악하는 데서 그치지 마십시오. 이 지식은 서로를 치유하고 성장시키기 위한 첫 번째 도구입니다.

Vincent Van Gogh, First Steps (after Millet), 1890

지쳐 있을 때 결정을 내리지 마라

아무리 사소한 결정이라고 결정을 시킬 때는 큰 배려를 해야 합니다. 어떤 사람이 지쳐 있다면 결정을 강요하면 안 됩니다. 나 스스로도 지쳐 있다면 결정을 내리려고 하면 안 됩니다.

일례로, 하루에 신체적인 에너지가 충만한 오전 10시와 11시 사이에는 회의를 하면 30분이면 끝납니다. 많은 사람들이 에너지가 충분한 상태이기 때문에 결정을 잘 내린다는 거죠. 그런데 일과가 끝나갈 때쯤인 4시, 5시, 심지어 7시, 8시가 되어 회의를 하면 사람들이 결정을 못 내리기 때문에 회의는 더 길어지고 스트레스가 훨씬 더 많아집니다.

만약 내가 지쳐 있다면 결정하려고 하지 마세요. 그리고 다른 사람이 지쳐 있다면 결정을 강요하지 말아야 합니다. 에너지를 회복할 때까지 기다려야 합니다. 결정을 내린 사람도 내 생각보다 훨씬 더 지쳐 있을 가능성이 높습니다. 그러므로 아주 간단한 일을 시킬 때도 조심해야 합니다.

그리고 연이은 결정을 강요하지 말아야겠죠. 내가 신체적으로 에너지가 충만한 상태에 있을 때 좋은 결정이 나옵니다. 결정하기에 앞서 신체적 에너지를 충분히 갖고 있는 게 중요합니다. 이

DATE   .   .

신체적 에너지로 정신적 에너지를 확보해야 한다는 것을 항상 명심해야 합니다.

DATE . .

> 내가 신체적으로 에너지가
> 충만한 상태에 있을 때 좋은 결정이 나옵니다.
> 결정하기에 앞서 신체적 에너지를
> 충분히 갖고 있는 게 중요합니다.

Vincent Van Gogh, The Siesta (after Millet) 1890

마음속 깊이 간직하고 싶은 문장들

2부의 필사 문장 중 오래도록 기억하고 싶은 문장을 꼽아 적어보세요.

필사를 하며 떠오른 생각들

2부를 필사하면서 떠올랐던 생각들을 적으며 정리해보세요.

Vincent Van Gogh, Two Lovers, Arles (Fragment), 1890

Vincent Van Gogh, The Brothel (Le Lupanar), 1888

3부
한발 더 나아가기

삶에 좋은 에너지를 더하는 법

Vincent Van Gogh, Vase with Carnations, 1886

인간은 스스로를 온전히 알아가며 타인과 적당히 관계를 맺는 데서 그치지 않고, 한발 더 나아가 삶에 긍정적인 힘을 불어넣을 때 더욱 충만한 행복을 느낍니다. 그래서 중요한 것은 어떻게 하면 일상 속에서 좋은 에너지를 만들고, 그것을 자신과 타인에게 나누며 살아갈 수 있는가 하는 점이지요.

3부에서는 삶을 더욱 활기차고 의미 있게 만드는 지혜들을 살펴보고자 합니다. 작은 습관 하나, 따뜻한 말 한마디가 어떻게 우리의 하루를 바꾸고 주변에 선한 영향력을 퍼뜨리는지 함께 확인해봅시다.

낙천적인 성격과 낙관적인 성격의 차이

'낙천적'인 성격과 '낙관적'인 성격의 차이를 아시나요? '낙천적'이라는 것은 선천적으로 만들어진 성격입니다. 이 사람은 스트레스를 잘 받지 않습니다. '낙관적'이라는 건 뭘까요? 스트레스를 많이 받아도 좋은 일이 일어날 거라는 생각을 잃지 않는 거죠. 낙관성은 후천적인 노력과 연습을 통해 만들 수 있습니다.

대부분 낙천적인 성격이 좋은 성격이라고 생각하실 거예요. 그런데 연구 결과를 보면 낙천적인 사람보다 낙관적인 사람이 더 오래 살아요. 스트레스를 안 받는 사람이 오래 살 것 같은데 그렇지 않더라는 겁니다. 스트레스를 받아도 "잘될 거야."라는 말을 할 줄 아는 사람, 그런 생각을 잃지 않는 사람이 더 오래 삽니다. 더 중요한 건 낙천적인 사람보다 낙관적인 사람이 '건강 수명'도 더 깁니다. 낙관적인 사람이 건강을 잃지 않은 상태로 오래 살아요. 그리고 낙천적인 사람보다 낙관적인 사람이 더 훌륭한 리더가 됩니다. 타고난 낙천적인 '성격'이 건강이나 사회적 성공에 지배적인 영향을 끼치지는 않습니다.

DATE . .

존경받는 리더가 되고 싶다면

리더십의 본질은 관점과 생각이지 성격의 문제가 아닙니다. 일반 조직의 구조를 한번 상상해보세요. 리더의 수가 많은가요, 부하 직원의 수가 많은가요? 리더는 한 사람이나 두 사람이지만 부하 직원은 수십 명이잖아요. 그러면 당연히 부하 직원의 관점이 더 종류가 많죠.

나와 다른 관점을 가지고 있는 사람들이 얼마든지 존재할 수 있다는 걸 먼저 인정하는 것이 리더십의 출발입니다. 그래서 그 관점을 역으로 이용할 수 있는 사람은 훌륭한 리더, 존경할 만한 상사가 됩니다.

그런데 우리나라는 다양한 관점을 인정하기가 무척 어려운 나라입니다. 우리나라 사람들은 매우 동질적이라서 저 사람이 나랑 다른 행동을 하면 관점이 다르다고 생각하지 못하고 이해가 안 되니까 성격이 안 맞는다고 생각해요. 한 인간의 내면에는 수십 가지의 성격이 있습니다. 딱 한 가지 성격만 있는 게 아니에요. 그 수많은 성격 중 무엇을 더 민감하게 쓰느냐에 따라 그 성격이 조금 더 드러나는 것일 뿐입니다.

DATE . .

특히 우리나라처럼 동질적인 문화에서 리더십의 출발점은, '다양한 관점을 인정하자. 다양한 관점을 이용하자.'라는 생각입니다. 이런 생각을 바탕으로 사람들은 점점 더 지혜로운 리더가 될 수 있죠. 오늘부터 나와 다른 말과 행동을 하는 사람들이 '나랑 성격이 안 맞는' 게 아니라, 이 순간에 '나랑 다른 관점을 가지고 있다'고 생각해보면 어떨까요?

> 오늘부터 나와 다른 말과 행동을 하는 사람들이
> '나랑 성격이 안 맞는' 게 아니라,
> 이 순간에 '나랑 다른 관점을 가지고 있다'고
> 생각해보면 어떨까요?

Vincent Van Gogh, Girl in White, 1890

지혜로운
인간생활
LECTURE 8

소통에 필요한 인지적 겸손

요즘 강연장이나 조직 현장에서 제가 가장 자주 듣는 질문이 있습니다. 과거에는 잘 듣기 어려웠던 질문들이죠.

"나보다 나이가 어린 리더를 어떻게 쫓아가야 할까요?"

"나보다 나이가 많은 팀원을 어떻게 리드해야 할까요?"

이 질문들이 쏟아진다는 것은 단순한 세대 갈등을 넘어, 지금 우리가 정말 다양한 배경과 가치관을 가진 사람들과 함께 일하고 소통해야 하는 시대를 살고 있다는 증거입니다. 과거에는 직장이나 동네에서 같은 성별, 비슷한 연령대, 유사한 경험을 공유하는 사람들이 자연스럽게 모였지만, 지금은 카페나 집회나 회의실 어디에서도 10대부터 80대·90대까지 한 공간에 공존하는 모습이 낯설지 않습니다. 우리는 '다양성의 압축'을 본격적으로 경험하기 시작했고, 이에 따라 소통의 어려움을 호소하는 목소리가 커졌습니다.

이 변화는 우리에게 매우 중요한 메시지를 전합니다. 인구는 감소하고 다양성은 커지는 시대에, 나와 전혀 다른 사람과도 원활히 소통할 수 있는 능력이야말로 조직과 사회에서 가장 중요한 핵심 역량으로 부상할 것이라는 사실입니다. 소통의 기술이 아니라, 소통의 태도, 그 중심에는 이번 원고의 핵심 주제인 인지적 겸손(Intellectual Humility)이 자리 잡고 있습니다.

세대 간 소통의 난제

"부하 직원이나 젊은이들에게 말을 걸면, 그들은 반응을 제대로 안 해요. 말은 들었는지, 이해했는지 알 수가 없죠."

조직의 리더들, 특히 나이가 있으신 분들이 젊은 세대와의 소통에서 자주 토로하시는 답답함입니다. 흔히 'MZ세대'라 불리는 연령대가 왜 이렇게 반응이 모호한지 모르겠다는 이야기도 많이 듣습니다.

하지만 저는 이 답답함의 상당 부분이 소통의 책임 소재에 대한 오해에서 비롯된다고 봅니다. 제가 어느 기업의 임원 교육장에서도 실제로 목격했던 장면이 있습니다. 회의를 주관하던 전무님께서 설명을 마친 뒤 늘 덧붙이시더군요. "알아들었지? 이해했지?" 그 말 뒤에 숨겨진 메시지는 무의식적으로 아주 강력합니다.

"알아들었지?"라는 질문을 던지고 뒤이어 "질문 있으면 해봐."라 말하는 리더에게 질문을 던진다는 것은, 질문하는 직원이 당신의 설명을 제대로 못 알아들었다는 낙인을 받는 위험이 있습니다. 즉, 이해 못 한 책임이 듣는 사람에게 넘어가는 구조입니다. 젊은 직원들은 종종 능력 부족으로 낙인 찍히는 위험을 감수하기 싫어 말문을 닫습니다.

이 부분에서 제가 드리고 싶은 조언은 이렇습니다. 부모나 선배, 상사로서 "알아들었지? 이해했지?"라는 질문 대신, "내가 제대로 얘기했나? 빠뜨린 것 없었나?"라는 표현을 덧붙여보세요. 이런 화법의 전환이 가져오는 변화는 작지만 강력합니다. 리더가 이해시키는 책임을 지는 태도를 드러내는 것이고, 동시에 인지적 겸손을 표현하는 셈이지요.

이런 분위기라면 직원들은 질문을 '내가 부족해서 묻는 것'이 아니라, 리더의 설명을 보완하고 협력하는 행위로 인식하게 됩니다. 반면 "내가 이렇게 말했는데 왜 몰라?"라는 태도는 질문을 금기화하고 조직 내 침묵을 낳습니다. 이 경우 기본적으로 절반의 책임은 말한 사람에게 있다는 사실을 잊지 않아야 합니다.

인지적 겸손

그렇다면 '인지적 겸손'이란 말은 구체적으로 무슨 뜻일까요? 이 개념은 단순한 겸손이나 겸양과는 다릅니다. 인지심리학과 사회심리학에서는 지식적 한계(recognition of one's fallibility)를 인식하고, 자기 관점이 틀릴 수 있음을 열어 두는 믿음의 태도로 정의합니다.

인지적 겸손은 여러 연구에서 강조되어 왔습니다. 마

크 리리(Mark R. Leary) 듀크대학교 교수 등은 사람들이 자신의 신념에 과도한 확신을 갖는 경향을 연구하면서, 인지적 겸손은 자신의 믿음이 틀릴 수 있다는 인식을 포함하고 있을 때 열린 태도가 가능하다고 설명합니다. 그에 따르면, 인지적 겸손은 단순히 지식이 부족하다고 느끼는 상태가 아니라, "내가 가진 정보가 제한적일 수 있고, 내가 전문가는 아닐 수 있으며, 내 판단이 잘못될 수 있다"는 생각을 갖는 인지적 규제 기능입니다.

특히, 인지적 겸손이 높은 사람들은 자신이 아는 것과 모르는 것을 더 잘 구분하고, 자신의 주장에 확신이 강하면서도 그것이 틀릴 수 있음을 감안할 줄 아는 특징이 있습니다. 또한 이 특성은 극단적 이념화나 분열, 음모론 수용 가능성을 낮추고, 학습과 발견, 과학적 설득력 강화와 같은 긍정적 효과와 연결된다는 연구도 있습니다.

이 개념이 리더십과 조직 커뮤니케이션에 접목되면 어떤 효과가 있을까요? 예컨대, 최근 리더의 겸손 표현(leader humility)이 조직 구성원에게 미치는 영향에 대한 연구는 다음과 같은 시사점을 줍니다.

구성원들은 리더가 겸손을 표현할 때 그 동기를 어떻게 받아들이는가에 따라 반응이 달라집니다. 만일 리더의 겸손이 조작적 의도로 여겨진다면 반감이 생기고, 진정성 있게 받아들여진다면 신뢰가 증가하게 됩니다.

리더가 경청하는 태도를 보일 때, 이 또한 양날의 검처럼 작용할 수 있음이 보고된 바 있습니다. 즉, 경청이 리더에게 자원을 소모시키는 부담이 될 수도 있고, 구성원에겐 신뢰를 구축하는 자원이 될 수도 있다는 연구가 있습니다.

이런 연구들은 인지적 겸손이 단순한 이상적 덕목이 아니라, 실제 조직 내 커뮤니케이션 구조를 바꾸는 실천적 전략이 될 수 있음을 시사합니다.

화용론, 귀인 이론 그리고 책임 전환

소통 과정에서 오해가 생기는 근본 메커니즘을 이해하기 위해, 화용론(pragmatics)과 귀인 이론(attribution theory)의 통찰이 필요합니다.

화용론은 맥락 속에서 언어가 어떻게 사용되고 해석되

는지를 다룹니다. 그라이스(Grice)가 제시한 '협력의 원리(Cooperative Principle)'는 대화 참여자들이 상호 협력하며 의미를 전달하려고 한다는 전제를 담고 있습니다. 그러나 "알아들었지?"라는 질문은 이 협력 원리를 흐릴 수 있습니다. 왜냐하면 이 질문은 듣는 사람에게 말한 사람의 의미를 해석할 모든 인지적 노력을 떠넘기는 압박으로 작용할 수 있기 때문입니다.

이와 함께 귀인 이론은 사람들이 행동의 원인을 어떻게 해석하느냐를 다룹니다. 대표적으로 허이더(Heider)의 귀인 이론과 후속 학자들은 사람들이 타인의 행동을 내부 요인(성격, 인격)으로 해석하는 경향—기본적 귀인 오류—이 있다는 점을 강조해 왔습니다.

실제 리더십 연구에서도 귀인 이론은 중요한 역할을 합니다. 예컨대, 리더의 언행을 구성원들이 어떤 동기(attribution)로 해석하느냐에 따라 리더십 효과가 달라진다는 연구가 있으며, 리더의 커뮤니케이션 방식은 조직 내 귀인 경향에 직접 영향을 미친다는 문헌들이 있습니다.

이 맥락에서 "알아들었지?"라는 질문은 듣는 사람에게

과잉 귀인 부담을 지우는 행위로 볼 수 있습니다. 이 부담을 줄이기 위해, 리더는 책임 전환 구조를 바꾸는 표현을 사용할 수 있어야 합니다. 즉, 질문을 던지는 대신 스스로 설명 방식을 재검토하는 태도를 드러내는 대화가 필요합니다.

세대 간 통합 리더십

리더십과 세대 간 갈등은 단지 권위 문제만이 아니라, 정체성과 자아 일관성 동기 충돌의 문제이기도 합니다. 사람은 자신이 스스로 설정한 자아상과 일관되는 방식으로 행동하려는 욕구를 갖고 있습니다. 이를 '자기 일관성 동기'라 부르는데요.

나이 많은 팀원에게 어린 리더가 지시를 내리는 상황은, 그 팀원의 자아상("나는 이 분야의 권위자였다.")과 상충할 수 있습니다. 반대로 젊은 리더는 팀원의 경험을 존중하지 않았다는 비난을 두려워하거나, 자신이 부족하다는 인식으로 불안해질 수도 있습니다. 이런 구조적 긴장은 갈등을 증폭시킵니다.

그래서 리더는 단순 지시자가 아니라, '맥락을 제공하고 통합하는 중재자'로 역할을 바꿔야 합니다. 이는 명령 중심의 리더십이 아니라 관점을 융합하고 조율하는 리더십입니다. 경영학자 존 코터(John Kotter)는 리더십과 관리를 구별하며, 리더십은 변화를 다루는 것이라고 말했습니다. 지금 시대엔 단순히 조직을 관리하는 것 이상의 리더십, 즉 다양한 세대와 배경을 조율하는 통합적 리더십이 필요합니다.

리더의 소통 방식 전환

리더와 구성원 간의 일대일 관계 질은 조직 성과에도 영향을 줍니다. 리더가 인지적 겸손 태도를 보이며 관계를 맺는다면, 그 관계 질은 보다 안정적일 가능성이 커지겠죠. 이제 소통 방식을 바꾸어보세요.

첫째, 설명이 끝난 뒤 "알아들었지?"라는 질문 대신 "내가 충분히 설명했을까? 빠뜨린 부분이 있을까?"라는 표현을 사용하세요. 이 표현은 이해의 책임을 리더에게 돌려주는 언어 전환입니다. 동시에 리더가 인지적 겸손을 드러내는 일종의 신호 역할도 합니다.

둘째, 자신의 설명을 보완할 수 있는 질문 거리를 스스로 제시해주세요. 예를 들어, "이 부분에서 헷갈리는 게 있을 텐데, 어떤 부분인지 함께 살펴볼까요?"라는 방식입니다. 이 문장은 질문을 강요하지 않으면서도 질문을 유도하는 부드러운 구조입니다.

셋째, 경청하는 태도를 강화하되, 경청 자체가 부담이 되지 않도록 균형을 맞추어야 합니다. 앞서 언급한 연구에 따르면, 지나친 경청은 리더에게 자원 소모를 가져올 수 있으며, 구성원에게도 부담을 줄 수 있습니다. 그러므로 경청의 빈도와 깊이를 조절하며 자신도 회복할 수 있는 구조를 갖춰야 합니다.

넷째, 조직 문화 차원에서는 질문을 존중하는 분위기를 만들 필요가 있습니다. 예를 들어, 질문에 대해 보상하는 시스템을 만들거나, 질문을 모아 다음 회의 주제로 삼는 방식이 도움이 될 수 있습니다. 질문은 침묵이 아니라 조직의 설명을 보완하는 협력 행위가 되어야 합니다.

세대를 넘어서는 소통의 핵심

우리가 사는 시대는 인구 통계학적 다양성이 기본값이 된 시대입니다. 서로 다른 배경, 연령, 경험을 가진 사람들이 하나의 공간에서 함께 일하고 소통해야 합니다. 이 복합의 시대에 필요한 소통 역량은 단순한 말솜씨가 아니라 인지적 겸손을 중심으로 한 태도이며, 그 태도는 리더와 구성원 모두에게 적용되어야 합니다.

인지적 겸손은 우리가 가진 지식과 믿음이 언제든 틀릴 수 있다는 인식에서 출발합니다. 그것은 비굴함이 아니라, 열린 사고와 관계의 깊이를 만드는 힘입니다. 실제 연구들은 인지적 겸손이 극단화와 분열을 줄이고 학습과 발견을 촉진하며, 조직 내 신뢰와 긍정적 상호작용을 높이는 데 기여할 수 있다는 결과를 보여 줍니다.

소통의 책임 소재를 재배치하고, 내가 제대로 설명했는지를 스스로 자문하고, 직원이나 동료의 질문을 환영하는 조직 문화를 만들 때, 나이와 세대를 넘어선 진짜 소통의 가능성이 열립니다. 이 변화는 한 사람, 한 대화, 한 조직부터 시작됩니다.

Vincent Van Gogh, L'Arlesienne, Portrait of Madame Ginoux, 1888

이직 과정에서 가장 많이 하는 실수

접근 동기는 좋아하는 걸 하고자 하는 욕구이고, 회피 동기는 나쁜 것을 피하려는 욕구입니다. 인간이 '나'라는 존재를 떠올릴 때는 접근 동기를 연결하고, 또 다른 자아인 '우리'를 떠올릴 때는 회피 동기를 연결합니다. 무슨 말일까요? 한번 친구에게 이런 질문을 해보세요.

"지인아, 너는 어떤 삶을 살고 싶어?"

그러면 대개 "나는 행복하게 멋지게 감동적으로 성공적인 삶을 살고 싶어." 이런 식으로 말합니다. 좋은 걸 갖고 싶다고 말합니다. 접근 동기의 가치를 얘기해요. 이제 이렇게 질문해보죠.

"지인아, 너를 포함한 너희 가족들이 어떻게 살았으면 좋겠어?" 이러면 대답이 달라집니다.

"아, 우리 가족? 우리 가족은 평화롭고 안전하고 무탈하고 화목하게 살면 좋겠어."

이건 좋은 게 있는 상태라기보다 나쁜 걸 막아내고자 하는 상태입니다. 좋아하는 걸 하고 나쁜 것을 막는 것, 둘 다 중요하죠. 근데 재밌는 건, 이 접근 동기의 '나' 그리고 회피 동기의 '우리'가, 정보를 찾아내거나 생각을 만들어내는 방법이 다르다는 겁니다.

DATE   .   .

변화를 만들어내고 탐색하게 만드는 동기는 접근 동기이고, 꼼꼼하고 실수 없이 집중해서 일을 하게 만드는 동기는 회피 동기입니다. 일의 종류에 따라, 생각의 종류에 따라 우리는 접근 동기와 회피 동기를 다르게 씁니다.

대부분의 사람들은 처음에는 좋은 걸 가지기 위해서 나의 장점을 살리려고 새로운 변화를 만들어내는 접근 동기로 이직을 하지만, 막상 경력 입사자로서 새로운 직장에 들어가면 불안해집니다. 잘 적응할 수 있을까 걱정합니다. 그 과정에서 자연스럽게 '우리'의 일원이 돼야 한다는 회피 동기가 생기고, 이 회피 동기로 인해 새로운 조직의 숨은 장점을 찾기보다는 그 조직의 약점을 자꾸 보완하려 듭니다.

문제는 이식 후에 발생합니다. 새로운 회사에 들어가면 사고방식의 주어가 '나'가 아니라 '우리'로 바뀌죠. '나'의 새로운 걸 찾기 위해서 이직을 결심했으면서 새로운 회사에 들어가면 '우리'가 돼요. 그러니까 회피 동기가 생기기 시작합니다. 회피 동기가 생기면 좋은 것과 장점을 많이 볼까요, 싫은 것과 약점을 더 많이 볼까요? 싫은 것과 약점을 더 많이 발견합니다.

이것이 바로 새로운 직장에 들어가서 '내가 이직을 결심했을 때의 접근 동기'를 유지하지 못하는 사람들이 저지르는 실수입니다.

수많은 이직자들은 조직이 나에게 장기적인 일을 맡기지 않는다고 불안해하다가, 단기적인 관점에서 생긴 회피 동기가 버무려져서 스스로 악순환을 만들어냅니다. 조직이 나에게 장기적인 프로젝트를 맡길 수 있도록, 조직의 기존 구성원들도 모르고 있었던 그들만의 장점을 발견하는 것은 매우 중요합니다.

"

접근 동기는 좋아하는 걸 하고자 하는 욕구이고,
회피 동기는 나쁜 것을 피하려는 욕구입니다.

"

Vincent Van Gogh, The Night Café, 1888

접근 동기와 회피 동기

인간에게는 두 가지 욕구가 있습니다. 첫 번째, 좋아하는 것을 하고 좋은 것을 누리고 싶은 욕구가 있죠. 접근 동기입니다. 그 반대 개념으로 회피 동기가 있습니다. 회피 동기는 내가 싫어하는 것을 안 하고 싶고 내가 끔찍이도 싫어하는 그 일을 막아내고 싶은 욕구를 말합니다. 사람은 누구나 대화를 할 때 이 둘 중 하나를 건드리면서 얘기를 하게끔 되어 있습니다.

길게 오래 해야 되는 일, 결실을 먼 훗날에나 볼 수 있는 일일수록 접근 동기가 사람의 마음의 문을 엽니다. 이런 일을 하자고 말할 때는 그 사람이 뭘 좋아하는지 알아야 해요. 같이 일하는 사람의 성향을 파악하는 일이 그래서 중요합니다. 친해져야 해요. '그걸 가지기 위해서 그 일을 같이 합시다.'라는 메시지를 전달해야 그 사람이 나의 말에 진정성과 중요성을 느낍니다. 그때 설득될 확률이 올라간다는 거죠.

반대로 지금 당장 해야 하는 일, 안 하면 안 되는 일, 결과가 빨리 나타나는 일들은 회피 동기를 적용해야 합니다. 그 사람이 무엇을 무서워하고 싫어하는지 알아내서 '그걸 막기 위해서 그 일을 합시다.'라고 얘기해줘야 그 사람이 나한테 마음의 문을 엽니다.

DATE   .   .

세대가 다르면 시간의 속도도 다르다

"1년이 긴 시간인가요, 짧은 시간인가요?"

같은 사람인데도 1년이 짧게 느껴질 때가 있고 길게 느껴질 때가 있습니다. 그리고 언젠가부터 느끼셨을 거예요. 예전에 비해 항상 가장 빨리 가는 1년은 '지난 1년'이에요. 이상하게 점점 나이가 들어가면서 세월이 빨리 갑니다. 실제로 이런 얘기 있잖아요. 세월은 10대에는 시속 10킬로로 가고, 50대에는 50킬로, 80대에는 80킬로로 가더라. 실제 연구결과도 그렇습니다. 인간은 경험이 많아지고 연륜이 쌓이면서 세월이 더 빨리 지나간다고 느낍니다.

세대가 다르면 시간의 속도도 다릅니다. 나와 다른 시간의 속도를 느끼고 있는 사람과 소통할 때는 거기에 맞는 동기를 건드려줘야 합니다. 이때 엉뚱한 동기를 건드리면 갈등을 빚게 되는 겁니다.

나보다 경험이 많고, 노련하며, 나이가 많은 세대를 설득할 때는 그분의 회피 동기를 제대로 충족시켜주는 한마디로 시작해야 합니다. 즉 그 일을 함으로 인해서 어떤 걱정을 덜어낼 수 있는가, 어떤 것을 막아낼 수 있는가가 설득의 시작이 돼야 해요. 나보다 경험이 적고 나이가 어린 사람을 설득할 때는 접근 동기의 첫마

DATE . .

디로 시작해야 합니다. 그 일을 하면 뭐가 좋은지로 시작해야 해요. 그런데 우리 대부분은 이 첫마디를 거꾸로 사용합니다. 내 상사가, 동료가, 팀원이, 후배가 밉고 싫고 나와 소통이 되고 있지 않다면, 나 스스로 올바른 동기를 건드리는 대화를 하고 있는지 살펴볼 필요가 있습니다.

아무 생각 하고 싶지 않은 건 당연하다

일을 하다가 무언가 결정을 내려야 하는 상황을 만났을 때, 우리는 오랫동안 깊이 잘 생각해서 결정을 내리고 싶어 합니다. 그런데 과연 우리 인간이 그렇게 '오랫동안 많은' 생각을 할까요? 여러분은 평소에 아주 많은 생각을 한다고 착각할 수 있습니다. 우리는 늘 '생각할 것' '고민할 것'들이 많으니까요. 하지만 우리 인간은 생각을 최대한 줄이는 것, 최소한의 생각을 하는 걸 가장 좋아합니다.

심리학자들은 이런 현상을 놓고 인간은 '인지적 구두쇠'라고 이야기합니다. 구두쇠가 돈 쓰는 것에 인색하듯이 사람은 인지적 노력을 하기를 꺼린다는 것이죠. 그래서 생각을 하거나 문제를 해결할 때에도 에너지를 아끼려고 합니다.

이제 인간은 인지적 구두쇠라는 사실을 알았으니 우리가 지혜롭게 이용할 수 있습니다. 희생과 손실이 확실하게 필요한 결정을 내려달라고 부탁할 때는 생각할 시간을 줘야 합니다. 몇 가지 중에 선택해야 할 때, 빨리 선택하라고 독촉하기보다는 대안을 차례로 보여주고 난 다음에 각 대안에 대해 차근차근 생각할 수 있는 환경을 만들어줘야 합니다.

DATE . .

인간은 생각하기 싫어하는 인지 체계를 가졌고 늘 합리적으로 판단하지 않는다는 걸 이해하면 좀더 나은 의사결정을 할 수 있게 될 겁니다.

빠른 생각의 함정

인간은 새로운 생각을 하는 걸 힘들어합니다. 일단 한 가지 생각을 해내고 나면, 더 이상 투자를 하기 싫어하죠. 그렇기 때문에 우리는 '빠른' 생각을 좋아하기도 합니다. 빠르다는 건 생각의 양이 적다는 것을 의미하기 때문이죠.

그런데 우리는 어떤 문제에 빠르게 답을 할까요? 고정관념, 편견, 고착되어 있는 생각에 대해 즉시 답할 수 있습니다. 인간의 본성이 이렇기 때문에 생각의 양을 줄여서 빠르게 판단할 수 있게끔 만들어주면 인간은 그걸 무턱대고 좋아하기 시작합니다.

미국의 심리학자 시나 아이엔거의 선택에 관한 실험으로 예를 들어보겠습니다. 슈퍼마켓에 2가지 잼 시식 코너를 만들었습니다. A 매대에는 6종의 잼을 진열했고, B 매대에는 24종의 잼을 진열했습니다. 실제로 사람들이 24종의 잼이 놓여 있는 시식 코너에 더 많이 갔습니다. 그런데 실제로 구매는 A 매대에서 더 많이 일어났습니다. 6종의 잼이 놓여 있는 시식 코너의 판매율이 10배나 높았습니다. 왜 그랬을까요?

24종이나 되는 잼을 서로 비교하기란 어렵습니다. 그런데 6종은 몇 개 안 되지 이것저것 맛보면서 비교할 수 있습니다. 사람들

DATE . .

은 오랜 고민 끝에 결정을 내렸다고 하지만, 사실은 환경이 결정을 내릴 수 있게끔 유도했기 때문에 결정을 내릴 때도 있습니다. 그래놓고선 '나는 빠르게 결정했다. 내 의지대로 결정했다.'라고 착각하죠.

하지만 이런 것을 나쁘게만 볼 필요는 없습니다. 왜냐하면 우리가 2개 중에 어느 하나를 고를 때, 그러니까 단순한 결정을 할 때는 생각의 양이 줄어들면서 오히려 더 좋은 선택지를 고를 수 있거든요.

DATE   .   .

> 단순한 결정을 할 때는 생각의 양이 줄어들면서
> 오히려 더 좋은 선택지를 고를 수 있습니다.

Vincent Van Gogh, Sower with Setting Sun, 1888

지혜로운
인간생활
LECTURE 9

성숙한 인간이 되려면

따뜻하고 성숙한 인간으로 성장하는 데는 세 가지 기둥이 필요합니다. 바로 친절한 마음, 성숙한 인성, 그리고 삶을 조망하는 긍정적 마인드입니다. 이 세 가지는 서로 다른 덕목처럼 보이지만, 사실은 하나의 통합적인 흐름 속에서 자라나는 나무와 같습니다. 친절은 땅을 다지는 흙이 되고, 성숙한 인성은 굵은 줄기가 되며, 긍정적 마인드는 잎사귀가 되어 햇빛과 바람을 맞이하게 하는 것이죠.

내가 누군가에게 선의를 베풀었는데, 마음 한구석이 묘하게 허전할 때. 또는 '좋은 사람이 되어야지.' 하고 굳게 다짐하지만 자꾸만 감정에 휘둘릴 때, 혹은 부정적인 생각 속에 갇힌 듯 느껴질 때, '왜 이토록 사는 게 힘들지?'라는 생각이 들 때. 이때야말로 우리가 성숙을 향해 나아갈 때입니다.

친절한 마음

친절에는 일종의 전염성이 있습니다. 작은 친절 하나가 주변 사람의 마음을 움직이고, 그들이 또 다른 선의를 베풀게 만드는 긍정적인 연쇄 반응이 일어나곤 하죠.

이 현상은 진화심리학의 '호혜적 이타주의'와 맞닿아 있습니다. 이는 '네가 나를 도우면 나도 너를 돕겠다'는 무의식적인 사회적 계약입니다. 친절한 행동이 사회적 유대감, 정서 안정, 그리고 정신 건강에 긍정적인 영향을 준다는 연구 결과는 많습니다. 하버드 의과대학의 연구에서도 친절이 행복감 증진, 불안 감소, 삶의 몰입감을 높이는 효과가 있음이 확인되었습니다.

여러분이 버스 좌석을 양보했을 때, 그것을 본 또 다른 승객이 미소 지으며 문을 잡아주는 경험을 떠올려보세요.

나의 작은 행위가 상대방에게 따뜻한 감정과 안전감이라는 사회적 자원을 제공했고, 그 자원이 다시 나에게 돌아온 것입니다.

우리가 친절을 베풀었을 때 묘하게 기분이 좋아지는 현상은 뇌의 보상 회로가 작동하기 때문인데요. 신경과학 연구에 따르면, 친절한 행동이나 이타적인 행동을 할 때 뇌의 쾌락 중추인 선조체(Striatum)와 보상 회로가 활성화됩니다. 이는 음식이나 돈을 받았을 때와 유사한 긍정적인 감정을 느끼게 하죠.

이러한 내적 보상은 친절을 '지속 가능한 습관'으로 만드는 근본적인 동기가 됩니다. 친절은 단순히 '착한 일'을 하는 것이 아니라 '나의 뇌를 행복하게 만드는 일'인 셈입니다.

친절을 삶의 일상으로 만들기 위해서는 작은 제스처, 가벼운 칭찬, 감사 인사, 관심의 말 한마디 같은 사소한 행위를 의식적으로 반복해야 합니다. 이 작은 행위들이 누적되면, 당신 안에 친절의 루틴이 자리 잡고, 뇌는 친절을 자동적인 보상 경로로 인식하게 됩니다.

성숙한 인성

친절이 땅을 다지는 흙이라면, 성숙한 인성은 어떤 감정의 폭풍우에도 흔들리지 않고 복합적인 상황을 감당할 수 있는 굵은 줄기와 같습니다. 성숙한 인성은 감정의 소용돌이 속에서도 중심을 잡을 줄 아는 능력을 뜻합니다.

성숙의 핵심: 메타인지적 성찰

성숙한 인성을 가능하게 하는 핵심 심리 기제는 바로 메타인지적 성찰입니다. 이는 자신의 감정과 생각을 일종의 '객관적 관찰자'로 바라볼 수 있는 능력입니다.

예를 들어볼까요? 한 직장인이 회의 도중 상사의 날카로운 지적을 들었을 때를 떠올려봅시다. 감정에만 반응한다면 "왜 나한테만 저렇게 말하지?", "무시당한 것 같아"라는 생각에 휩싸여 방어적이거나 위축된 태도를 보일 수 있습니다. 하지만 메타인지적 성찰 능력이 발달한 사람은 그 순간 자신의 감정 반응을 인식하고, 한 발짝 물러서서 이렇게 자문할 수 있습니다. "지금 내가 왜 이렇게 예민하게 반응했을까?", "이 상황이 정말 모욕적인가, 아니면 내가 과도하게 해석한 건가?" 이렇게 감정과 생각을 있는 그대로 들여다보는 순간, 우리는 더 유연하고 성숙한 방식으로 상황을 해석하고 반응할 수 있게 됩니다. 바로 이런 순간이 인성의 질을 결정짓는 갈림길이 되기도 합니다.

친화성과 조직의 성숙

성숙한 인성은 타인을 존중하는 태도와 깊이 연결되며, 특히 집단 활동에서 그 가치가 발휘됩니다. 심리학의 Big 5 성격 모델 중 하나인 친화성은 협력적이고 온화하며 타인을 배려하는 성격 요소를 말합니다.

연구에 따르면, 친화성이 높은 팀원들로 구성된 팀은 팀 내 불확실성 상황이나 갈등 상황에서 성과를 높이는 요소로 작용했습니다. 즉, 온화하고 협력적인 태도가 팀의 정서적 안정성을 높이고, 불필요한 관계 비용(social cost)을 줄여 팀이 핵심 과제에 집중할 수 있도록 기여한 것이죠.

성숙은 매일 온화할 수는 없더라도, 갈등이 생길 때 중심을 잃지 않고 조율하며 협력의 가능성을 놓지 않는 힘의 핵심입니다.

◆ 성숙한 인성을 기르는 방법
　▷ 감정 멈춤 연습: 감정이 치솟을 때 즉시 3초간 멈추고 숨을

고르기.

▷ 관점 수용: 상대방의 말을 들을 때, '상대 입장에서 생각해 보기'를 의식적으로 연습하기.

▷ 비난 대신 질문: 갈등 상황에서 "왜 그렇게 했어?" 대신 "무슨 일이 있었는지 조금 더 설명해 주시겠어요?" 같은 질문 던지기.

자비 명상과 자기 관대함

무엇보다 성숙한 인성의 뿌리는 나 자신에게 관대해지는 일입니다. 실수를 할지라도, 완전하지 않을지라도, 그 자체를 품을 줄 아는 태도가 인성의 근간입니다. 자비 명상(Loving-Kindness Meditation, LKM) 연구는 이 자기 관대함이 관계의 질을 높인다는 것을 입증합니다.

LKM은 자기 자신, 사랑하는 사람, 그리고 어려운 관계에 있는 사람에게 선의와 자비심을 보내는 명상 기법입니다. 연구 결과, LKM을 실천한 사람들은 부정적 감정 반추가 줄어들고, 자기 비판이 감소하며, 궁극적으로 타인에 대한 친화성과 공감 능력이 증가했습니다. 나 자신에게 친절할 줄 아는 사람이 타인에게도 진정으로 성숙한 태도를 보일 수 있는 것입니다.

긍정적 마인드

긍정적 마인드라고 해서 무조건 무조건 잘될 거라는 맹목적 낙관만을 의미하지 않습니다. 그것은 어려움을 만났을 때 마음의 해석 방식을 조금 바꾸고, 선택 가능한 다양한 반응을 갖는 인지적 기술을 말합니다.

확장 및 구축 이론: 긍정 경험의 심리적 자산 축적

심리학자 바버라 프레드릭슨(Barbara Fredrickson)이 제시한 확장 및 구축 이론(Broaden and Build Theory)은 긍정적 감정의 강력한 효과를 설명합니다.

이 이론에 따르면, 긍정적 감정(기쁨, 감사, 만족 등)은 우리의 주의(Attention)를 확대(Broaden)하고 새로운 사고와 행동의 가능성을 확장하며, 시간이 흐르면 그것이 심리적 자원(Build)으로 축적된다는 것입니다.

부정적인 감정(두려움)은 우리의 시야를 좁혀 '도망치거나 싸우는' 두 가지 반응만을 가능하게 합니다. 하지만 긍정적인 감정은 '어떻게 창의적으로 해결할까?', '누구에게 도움을 요청할까?'와 같은 다양한 반응 경로를 열어줍니다. 즉, 긍정 경험은 단지 순간의 기쁨이 아니라, 더 나은 회복력, 창의성, 문제 해결 능력 같은 지속 가능한 자산을

키우는 씨앗이 됩니다.

감사일기의 인지적 리프레이밍 효과

긍정 마인드를 키우는 가장 간단하면서도 강력한 기술 중 하나는 감사일기(Gratitude Journal)입니다. 매일 감사한 일을 기록하는 습관이 낙관성과 웰빙을 높인다는 여러 연구는 이제 정설처럼 받아들여지고 있습니다.

감사일기는 단순히 좋은 일을 기록하는 것을 넘어, 우리의 인지 습관을 바꾸는 인지적 리프레이밍(Cognitive Reframing) 효과를 가져옵니다. 우리는 일상에서 부정적인 사건을 더 잘 기억하고 더 깊이 생각하는 경향이 있는데, 감사일기는 이러한 부정 편향을 의식적으로 중화시키고, 뇌가 긍정적인 신호에도 주목하도록 주의의 초점을 이동시킵니다.

◆ 긍정 마인드를 키우는 방법
▷ 매일 감사일기 3가지 작성: 감사한 일, 감사할 사람, 감사한 이유를 소소하게라도 적어보세요.
▷ 시선 전환 연습: 부정적 생각이 나올 때, 그 생각을 멈추고 "이 상황의 긍정적인 면은 무엇일까?" 혹은 "이 고비가 나에

게 무엇을 알려주려 하는가?" 같은 질문을 던져 반대 관점을 찾아보세요.

▷ 작은 목표 성취 루틴: 목표를 아주 소소하게 세우고 달성해 나가는 경험을 쌓아, 자기 효능감을 높이세요. 이 작은 성공들이 긍정적인 정서를 유발하는 지속적인 연료가 됩니다.

친절한 마음, 성숙한 인성 그리고 긍정 마인드를 하나의 구조로 엮어 실천해보세요. 이 모든 것은 결국 우리가 어떤 어른이 될 것인가에 대한 답이 됩니다.

◆ "어제 누군가에게 한 친절한 행동이 있었나요? 있었다면 어떤 것이었고, 그 행동을 했을 때 당신 마음 한구석에 충만함을 느꼈나요?" (친절이 자기 보상으로 연결되었는지 확인)

◆ "오늘 중 감정이 크게 올라왔던 순간 하나를 골라, 그 감정이 올라오기 직전 당신의 인지적 멈춤이 작동했나요? 작동했다면 그 감정은 왜 생겼는지 스스로에게 물었나요?" (성숙한 인성의 탈중심화 능력 확인)

◆ "오늘 하루 중 고비였던 순간 하나를 떠올리며, 그것을 실패가 아닌 배움으로 재해석하는 시도를 했나요?" (긍정 마인드의

인지적 유연성 확인)

이 질문들이 단순해 보이지만, 우리 내면에 성장의 씨앗을 심는 가장 구체적인 시작입니다.

마지막으로 늘 기억해둘 말이 있습니다.

"완벽한 친절도, 완전히 성숙한 인성도, 늘 밝은 긍정도 바라지 말자."

우리는 인간이기에 흔들리고 지치기도 합니다. 그럴 때 중요한 건 다시 일어서는 마음이고, 한 걸음 이어가는 태도입니다.

삶 속에서 친절을 베풀고, 감정의 깊이를 돌아보고, 긍정의 씨앗을 심는 반복들이 모이면, 어느새 우리는 따뜻하고 여유 있고 성숙한 어른이 되어 있을 것입니다.

Vincent Van Gogh, Portrait of Joseph Roulin, 1889

Vincent Van Gogh, Daubigny's Garden, 1890

검은 제안과 신뢰 관계

우리는 어떤 사람으로부터 제안을 받았을 때 그 제안이 도덕적이거나 윤리적이지 않으면 거부합니다. 비윤리적인 제안을 일명 검은 제안이라고 합니다. 그런데 실제로 검은 제안이라 하더라도 가족이나 연인, 부모님 같은 사람이 하면 따르기 십상이죠. 왜일까요? 믿기 때문입니다.

직장에서도 이런 관계가 만들어질 수 있습니다. 우리는 동료들과 서로 신뢰하면서 일합니다. 리더와 팀원 사이에 신뢰가 형성되어 있습니다. 팀원들 사이에 신뢰와 믿음이 생기면, 리더는 자기도 모르는 사이에 (하지만 팀원들은 인지하고 있는) 불공정하고 불공평한 일을 아무 생각 없이 따르게 만들 위험이 있습니다. 그렇기 때문에 내가 지금 하는 일이나 지시를, 나와 신뢰 관계에 있지 않은 누군가로부터 검증받아야 합니다.

직장이라는 공간에서, 신뢰받는 리더들이 오히려 부조리한 일을 할 수 있기 때문입니다. 그래서 우리가 그 믿음과는 무관한 다른 사람들한테, 늘 우리 관계, 우리의 대화, 우리의 의사결정 방식을 보여주고 점검을 받아야 하는 거죠.

DATE . .

직관적인 낙관에 속지 마라

믿음과 직관적인 낙관에 속지 마세요. 생각의 속도가 빨랐다는 것만으로도 확신이 생기고, 생각의 속도가 느렸다는 것만으로 믿음이 약해집니다. 빠른 생각은 지나친 확신과 무책임한 직관을 만들어냅니다.

꽤 많은 사람들이 이런 오류를 저지릅니다. 부풀려진 낙관주의에 빠진 사람에게는 업무와 상관없는 일도 느리게 처리해도 되는 환경을 만들어주세요. 반대로 지나친 비관주의에 빠져서 업무를 처리하는 데 필요한 에너지를 잃은 사람에게는 업무와 상관없는 일이라 하더라도 빠르게 처리할 수 있는 환경을 만들어주면 자신감을 회복하는 데 도움을 줄 수 있습니다.

어떤 일을 힘들어하거나 낙관주의에 빠져 있더라도, 그 일 자체를 바꿔서 생각을 고칠 필요는 없습니다. 다른 부분에 작은 변화를 주어서 실제 내가 원하는 영역에서의 생각의 변화를 얼마든지 만들어낼 수 있습니다. 큰 변화라고 해서 대단한 조치가 필요한 게 아닙니다.

DATE . .

믿음과 직관적인 낙관에 속지 마세요.
빠른 생각은 지나친 확신과
무책임한 직관을 만들어냅니다.

Vincent Van Gogh, Wheat Field Behind Saint-Paul Hospital with a Reaper, 1889

마음속 깊이 간직하고 싶은 문장들

3부의 필사 문장 중 오래도록 기억하고 싶은 문장을 꼽아 적어보세요.

필사를 하며 떠오른 생각들

3부를 필사하면서 떠올랐던 생각들을 적으며 정리해보세요.

Vincent Van Gogh, Wheat Field Behind Saint-Paul Hospital with a Reaper, 1889

인간은 사회적 존재입니다.

홀로 존재하는 인간은 없습니다.

김경일의 지혜로운 인간생활 필사 에디션

초판 1쇄 인쇄   2025년 10월 30일
초판 1쇄 발행   2025년 11월 15일

지 은 이   김경일
발 행 인   정수동
편 집 주 간   이남경
책 임 편 집   김유진

발 행 처   저녁달
출 판 등 록   2017년 1월 17일 제2017-000009호
주   소   경기도 파주시 문발로 142 니은빌딩 304호
전   화   02-599-0625
팩   스   02-6442-4625
이 메 일   book@mongsangso.com
인스타그램   @eveningmoon_book
유 튜 브   몽상소

I S B N   979-11-89217-85-3   03180

ⓒ 김경일, 2025

* 저작권법에 의해 보호를 받는 저작물이므로 무단전재와 무단복제를 금합니다.
* 잘못 만들어진 책은 구입하신 서점에서 교환해드립니다.